Petits *C*lassiqu

LARO

Collection fondée par Félix Guirand,
Agrégé des Lettres

On ne
badine pas
^{avec} l'amour

Musset

Théâtre, proverbe dramatique

Édition présentée,
annotée et commentée
par Yves BOMATI,
docteur ès lettres modernes,
professeur à l'université Lyon-III Jean-Moulin

SOMMAIRE

Avant d'aborder l'œuvre

6   Fiche d'identité de l'auteur
8   Repères chronologiques
10   Fiche d'identité de l'œuvre
12   L'œuvre dans son siècle
18   Lire l'œuvre aujourd'hui

On ne badine pas avec l'amour
ALFRED DE MUSSET

23   ACTE I
49   ACTE II
75   ACTE III

Pour approfondir

102   Genre, action, personnages
120   L'œuvre : origine et prolongements
130   L'œuvre et ses représentations
138   L'œuvre à l'examen
150   Outils de lecture
153   Bibliographie et filmographie

AVANT D'ABORDER L'ŒUVRE

Fiche d'identité de l'auteur

Musset

Nom : Alfred de Musset.

Naissance : 11 décembre 1810 à Paris.

Famille : famille cultivée de petite noblesse.

Formation : brillant élève au collège Henri-IV de Paris. Désir affirmé d'être poète, malgré les réticences de son père, qui le pousse vers des études de droit et de médecine.

Début de carrière : admission en 1828 dans les cercles romantiques réunis autour de Victor Hugo et de Charles Nodier. Intérêt pour les gens de théâtre et la jeunesse dorée – les dandys. Publication en 1828 de *L'Anglais mangeur d'opium*, adaptation libre d'un ouvrage de Thomas De Quincey, et en 1829 d'un recueil de vers, *Contes d'Espagne et d'Italie*.

Premier échec théâtral : 1er décembre 1830, représentation de *La Nuit vénitienne*, retirée de l'affiche après deux soirées. Décision de ne plus représenter ses pièces sur scène.

Années de succès (1832-1837) : publication le 25 décembre 1832 d'un volume intitulé *Un spectacle dans un fauteuil* contenant trois œuvres : *La Coupe et les lèvres* (drame), *À quoi rêvent les jeunes filles* (comédie) et *Namouna* (poème). Parution dans *La Revue des Deux Mondes* en 1833 d'*André del Sarto* (drame) et des *Caprices de Marianne* (comédie), en 1834 de *Fantasio* (comédie), d'*On ne badine pas avec l'amour* (proverbe), de *Lorenzaccio* (drame), dont George Sand lui donne le sujet. Retour à la poésie avec *La Nuit de mai* (1835) et *La Nuit d'octobre* (1837) ; entre-temps, parution de *La Confession d'un enfant du siècle*, roman autobiographique (1836).

Dernière partie de carrière : dépression, hallucinations, alcoolisme. Puis, retour du succès avec *Un Caprice*, mis au répertoire de la Comédie-Française en 1847, suivi par l'entrée de 23 drames, comédies et proverbes. Élection en 1852 à l'Académie française.

Mort : le 2 mai 1857 à Paris.

Alfred de Musset en 1854. Gravure.

Repères chronologiques

Vie et œuvre de Musset	Événements politiques et culturels
1810 Naissance d'Alfred de Musset à Paris, le 11 décembre.	**1810** Mariage de Napoléon Ier et de Marie-Louise d'Autriche.
1819 Entrée au collège Henri-IV à Paris.	**1815** Bataille de Waterloo.
1828 Introduit au « Cénacle » romantique de Victor Hugo et de Charles Nodier.	**1815-1824** **La Restauration. Louis XVIII, roi de France.**
1829 *Contes d'Espagne et d'Italie*, daté de 1830.	**1820** Lamartine, *Premières Méditations*.
1830 Représentation de *La Nuit vénitienne*, le 1er décembre. Échec et décision de ne plus faire représenter ses pièces sur scène.	**1821** Mort de Napoléon Ier. **1822** Vigny, *Poèmes* ; Hugo, *Odes*.
1832 Mort du père de Musset, le 8 avril. Parution d'*Un spectacle dans un fauteuil*, en décembre.	**1824** Mort de Louis XVIII et avènement de Charles X (1824-1830). **1825** Stendhal, *Racine et Shakespeare*.
1833 *André del Sarto* (théâtre). *Les Caprices de Marianne* (théâtre). Rencontre de George Sand, en juin, puis liaison, fin juillet. En août, première crise d'hallucination. Musset et Sand à Venise, du 12 décembre 1833 au 29 mars 1834. Maladies. Le docteur Pagello, amant de Sand. Retour de Musset seul à Paris.	**1827** **Hugo, préface de *Cromwell*.** **1829** Dumas, *Henri III* ; Hugo, *Les Orientales*. **1830** 27, 28, 29 juillet : « les Trois Glorieuses ». Louis-Philippe Ier, « roi des Français ». Prise d'Alger. Début de la colonisation. Révolutions en Belgique et en Pologne.
1834 **Fantasio, On ne badine pas avec l'amour et Lorenzaccio (théâtre). Deuxième liaison avec George Sand, du 13 octobre 1834 au 6 mars 1835.**	**1831** Hugo, *Les Feuilles d'automne*, *Notre-Dame de Paris* ; Balzac, *La Peau de chagrin* ; Stendhal, *Le Rouge et le Noir*.
1835 *La Nuit de mai* (poésie),	**1832** Manifestations aux funérailles

Repères chronologiques

Vie et œuvre de Musset	Événements politiques et culturels
Le Chandelier (théâtre).	du général Lamarque.
1836	Sand, *Indiana* ; Vigny, *Stello*.
La Confession d'un enfant du siècle (roman autobiographique), *La Nuit d'août* (poésie).	Mort de Goethe et de W. Scott.
1837	**1833**
La Nuit d'octobre (poésie).	Balzac, *Eugénie Grandet* ; Sand, *Lélia* ; Hugo, *Lucrèce Borgia*.
Liaison avec Aimée d'Alton.	**1834**
1838	Balzac, *Le Père Goriot*.
Nommé conservateur de la bibliothèque du ministère de l'Intérieur.	Insurrections à Paris et à Lyon.
1840	**1835**
Comédies et proverbes (théâtre) et *Poésies complètes*.	Hugo, *Les Chants du crépuscule* ; Vigny, *Chatterton*.
1843	Lois répressives contre la presse.
Nouvelles dépressions, dues sans doute à l'abus d'alcool.	**1836**
1845	Dumas, *Kean*.
Il faut qu'une porte soit ouverte ou fermée (théâtre).	Ministère Thiers.
1847-1851	**1837**
Représentation des pièces anciennes, remaniées pour la scène.	Dickens, *Oliver Twist*.
1852	**1838**
Élu à l'Académie française.	Liaison de Sand et de Chopin.
Nouvelle publication de son œuvre poétique, pendant l'été.	Hugo, *Ruy Blas* ; Poe, *Arthur Gordon Pym*.
1853	**1840**
Publication de l'édition définitive des *Comédies et proverbes*.	Retour des cendres de Napoléon Ier. Mérimée, *Colomba*.
1857	**1845**
Mort d'Alfred de Musset, le 2 mai.	Mérimée, *Carmen* ; Wagner, *Tannhäuser* (opéra).
1861	**1848**
Première représentation dans une version remaniée d'*On ne badine pas avec l'amour*, le 18 novembre.	**Révolution de février et proclamation de la IIᵉ République. Charles Louis Napoléon, président.**
	1851
	Coup d'État du prince-président, le 2 décembre.
	1852
	Proclamation du second Empire.

Fiche d'identité de l'œuvre

On ne badine pas avec l'amour

Genre : théâtre, proverbe.

Objets d'étude : comique et comédie ; le théâtre : texte et représentation ; un mouvement d'histoire littéraire : le romantisme ; l'argumentation et la délibération.

Auteur : Alfred de Musset, XIXᵉ siècle.

Registres : comique, tragique, lyrique, pathétique.

Structure : trois actes.

Forme : dialogue en prose.

Principaux personnages : Perdican, Camille, Rosette.

Sujet : Perdican rentre chez son père, un baron, qui projette de lui faire épouser Camille, sa cousine, tout juste arrivée du couvent où elle a été élevée. Mais Camille refuse de l'embrasser. Étonné, le jeune homme retrouve Rosette, une villageoise, sœur de lait de Camille, avec qui il jouait enfant (acte I). Camille s'obstine à ne marquer nulle affection pour son cousin. Elle lui explique toutefois le peu de confiance qu'elle accorde aux hommes et à l'amour en général et lui annonce sa décision de se consacrer à Dieu, cependant que Perdican dénonce les mensonges des nonnes tout en vantant les bienfaits de la passion (acte II).
Perdican, sachant que Camille l'entend, déclare par jeu son amour à Rosette. Dépitée d'abord, Camille apprend ensuite que Perdican lui a joué la comédie. Pour se venger, elle cache Rosette derrière une tenture et pousse Perdican à lui déclarer son amour. Ce qu'il fait. Rosette s'évanouit. Perdican lui promet le mariage. Les deux cousins finissent par se déclarer leur amour mutuel. Rosette en meurt d'émotion (acte III).
Plusieurs thèmes traversent la pièce : la naissance de l'amour, la passion, le jeu, la religion, la relation maîtres/valets.

Représentations de la pièce : le 18 novembre 1861 à la Comédie-Française, dans une version remaniée par son frère. En 1917, à l'Odéon, dans sa version originale ; à la Comédie-Française, en 1923.

On ne badine pas avec l'amour.
Lithographie de Gaston Latouche, 1913.

L'œuvre dans son siècle

Le prix du génie

ÊTRE UN GÉNIE PRÉCOCE ne garantit pas la réussite d'une vie. Musset en est un exemple parfait, lui qui, en l'espace de sept ans – de 1830 à 1837 –, a donné l'essentiel de son œuvre, avant de sombrer dans un oubli relatif puis de ressurgir, usé, sous les lumières des théâtres. Et pourtant les fées semblaient s'être penchées sur son berceau. Remarqué dès 14 ans pour son talent, il annonce à 17 ans son ambition littéraire, loin de toute médiocrité, dans une lettre datée du 23 septembre 1827 : « Je ne voudrais pas écrire ou je voudrais être Schiller ou Shakespeare. » Et, lorsque son ami de classe Paul Fouchet, le beau-frère de Victor Hugo, l'introduit au Cénacle romantique, il suscite l'intérêt, non seulement par sa désinvolture tout anglo-saxonne mais surtout par sa personnalité hors norme, au point que Sainte-Beuve écrit à son sujet en 1829 : « Il y a parmi nous un enfant de génie. »

« L'enfant terrible du romantisme » face à ses choix

MUSSET mène cependant la vie dure à ses maîtres, tant les frontières d'une école littéraire sont étriquées pour lui. Il se situe délibérément dans les marges des mouvements majeurs – présents ou passés –, raillant en 1829 l'astre préféré des romantiques dans *Une ballade à la lune* ou, en 1830, ses pairs au fil de quelques phrases dans *Les Secrètes Pensées de Rafaël, gentilhomme français* : « Salut, jeunes champions d'une cause un peu vieille / Classiques bien rasés, à la face vermeille, / Romantiques barbus, aux visages blêmis ! / Vous qui des Grecs défunts balayez le rivage, / Ou d'un poignard sanglant fouillez le Moyen Âge [...] ! » Ce qui lui vaut ses premiers détracteurs.

IL HÉSITE en effet bel et bien entre classiques et romantiques, cherchant une voie personnelle où explorer les passions humaines et exprimer cet entre-deux si nostalgique et si juste qui fon-

L'œuvre dans son siècle

dera le charme léger, doux-amer et profond de son écriture. S'il apprécie les caractères bien trempés de ses amis romantiques et leurs préoccupations politiques ou sociales, il a déjà opéré d'autres choix personnels. Ce qui ne lui réussit guère, son originalité fondatrice le menant droit au désastre dès ses premiers pas au théâtre. 1830 marque en effet l'échec cuisant de *La Nuit vénitienne* et la décision sans appel de Musset de ne plus faire représenter ses pièces sur scène. Il produit alors en 1833 pour la seule lecture – ce qui est inconcevable à l'époque – deux pièces, dont l'une, *Les Caprices de Marianne,* est un coup de tonnerre dans l'univers théâtral. Il y assume librement ses conceptions scéniques et définit ses thématiques majeures : l'inconstance des sentiments, la douloureuse expérience de l'amour, la fragilité de l'être. Elles animeront, entre autres, ses pièces désormais, l'isolant de la scène parisienne, où triomphe le drame troubadour. *On ne badine pas avec l'amour* constituera une illustration parfaitement aboutie de ces orientations.

L'INCOMPRÉHENSION DU PUBLIC qui siffla *La Nuit vénitienne* en 1830 a en fait été bénéfique. Musset, grâce à l'intransigeance de son génie, à son refus des concessions, a forcé la porte de sa propre créativité : il a multiplié les décors, découpé ses scènes comme il l'entendait, libéré son langage, réconcilié dans une prosodie personnelle son goût pour la poésie et le théâtre, refusé de choisir entre les théâtres d'analyse et de langage, entre la comédie et la tragédie, entre le classicisme et le romantisme.

Une rencontre importante : George Sand

SI L'ŒUVRE THÉÂTRALE de Musset ne lui attire à son époque que l'estime des *happy few*, lecteurs assidus de *La Revue des Deux Mondes*, il n'en va pas de même pour sa vie personnelle. Il y est en effet sous les feux de la rampe, car en juin 1833, il a rencontré la *pasionaria* de la littérature romantique, Aurore Dupin, baronne Dudevant, mieux connue sous son nom de plume, George Sand. George est alors tout auréolée de la gloire littéraire que lui a value son roman *Indiana* en 1832 et s'apprête à publier *Lélia* en juillet 1833. On ne parle partout que de cette femme libérée aux idées sociales très arrêtées. Alfred, de six ans son cadet, en devient l'amant un mois plus tard. Le cœur et les intérêts intellectuels parlent sans doute d'abord, mais, dès le mois d'août, George affronte sa première épreuve : elle est témoin de la première crise d'hallucinations de l'écrivain lors d'une promenade à Fontainebleau aux rochers de Franchard. Musset voit un spectre de lui-même, les traits creusés par la débauche ou la maladie, une image obsédante qui, dorénavant, hantera sa vie et ses écrits. Ce même mois, son poème *Rolla* triomphe. Son avenir se teinte de couleurs contrastées : entre le déséquilibre mental sans doute dû aux excès d'alcool et l'exaltation née de la production de chefs-d'œuvre.

Il IGNORE ENCORE que sa liaison orageuse et intermittente – qui vivotera avec des hauts et beaucoup de bas jusqu'au 6 mars 1835 – orientera autrement son œuvre et constituera pour le public une des grandes amours du siècle. Nul doute en tout cas que l'écriture d'*On ne badine pas avec l'amour* en sera transformée sans pour autant devenir autobiographique. 1834, date de parution de la pièce, est en effet l'année où l'histoire d'amour d'Alfred avec George, engagée dans un badinage élégant, a pris l'eau à Venise, jetant le poète dans une confusion totale de sentiments (voir plus loin « Des éléments autobiographiques », p. 122).

Un nouvel ordre politique et social autocentré

Le CONTEXTE AFFECTIF personnel de Musset n'est pas le seul à avoir pesé sur l'écriture de la pièce. La nouvelle donne politique et sociale y est pour beaucoup aussi, Musset, malgré son dandysme affiché, étant engagé, qu'il le veuille ou non, et comme l'ensemble de la jeunesse romantique d'ailleurs, dans les luttes et les perceptions de son temps.

L'œuvre dans son siècle

La société des années 1830 connaît en effet une crise larvée. Musset écrit en 1834, à un moment où le régime issu des Trois Glorieuses – qui a mis sur le trône des Français le roi Louis-Philippe (1830-1848) – a pris ses marques, défini ses enjeux et montré ses véritables couleurs. Les nobles immigrés dont les prérogatives avaient été restaurées quinze ans plus tôt sous les deux rois précédents – Louis XVIII (1814-1824) et Charles X (1824-1830) –, au pouvoir depuis la chute de Napoléon Ier, ont été balayés par une bourgeoisie d'affaires, association de notables désireux d'assumer un pouvoir politique fondé sur leur puissance économique.

O R CETTE NOUVELLE SOCIÉTÉ a préféré l'amnésie. Elle a sciemment oublié les grands mouvements démocratiques du XVIIIe siècle européen où, en Angleterre, les poètes Blake (1757-1827), Wordsworth (1770-1850) et Coleridge (1772-1834), rejoints bientôt par Byron (1788-1824), Shelley (1792-1822) et Keats (1795-1821), avaient exprimé leur solitude au sein d'une nature animée, avaient vanté les mérites des révolutions en se plaçant du côté des opprimés, où, en Allemagne, Goethe (1749-1832), avec *Les Souffrances du jeune Werther* et *Wilhelm Meister*, et Schiller (1759-1805), avec *Les Brigands,* avaient analysé leur mal-être, ce sentiment exacerbé d'être exclu ou incompris dans une société trop conservatrice. Oubliée également, Germaine de Staël, qui avait importé ces idées en France dès 1813 avec son essai *De l'Allemagne,* mais aussi le grand Chateaubriand (1768-1848), « l'enchanteur » dont les œuvres, *Atala* puis *René,* avaient exprimé le « mal de vivre » à la française. Et qu'a-t-elle fait des signes envoyés par Stendhal (1783-1842) et Victor Hugo (1802-1885), qui, respectivement avec la publication de *Racine et Shakespeare* en 1823 et la préface de *Cromwell* en 1827, ont porté le coup de grâce aux anciens canons classiques en définissant l'esthétique nouvelle du romantique français et son rôle politique dans la cité ? Rien.

L'œuvre dans son siècle

Hᴏʀᴍɪꜱ ᴇʟʟᴇ-ᴍÊᴍᴇ, cette société a voulu tout oublier dans la répartition des rôles, et surtout la jeunesse, rejetée dans un vague à l'âme sans fond et sans illusion. Et pourtant on s'est battu à mort en juillet 1830 pour les droits fondamentaux de l'individu, pour la liberté de la presse et contre la censure. On s'est battu en 1831 à Lyon, où les canuts ont tenté une révolte, vite noyée dans le sang. On s'est battu dans le Paris républicain, en 1832, lors des funérailles du général Lamarque, moment dont *Les Misérables* de Victor Hugo ont immortalisé les barricades... et les répressions. On a assassiné l'espérance : Gavroche et ses alliés ont fait les frais des révolutions sans en toucher les bénéfices.

Une dénonciation du rapport maîtres/valets

Mᴜꜱꜱᴇᴛ ɴ'ᴇꜱᴛ ᴘᴀꜱ ɪɴꜱᴇɴꜱɪʙʟᴇ à ce contexte, même s'il ne partage pas cette tendance à la polémique des romantiques purs et durs, qui « dégainent » leur plume pour défendre des causes, si justes soient-elles. Il n'empêche que sa lucidité politique perce dans le choix de ses personnages et le rôle qu'il leur fait tenir ainsi que sous ses dialogues, parfois badins ou grotesques, mais surtout sérieux. Car, si, dans *On ne badine pas avec l'amour,* l'on a beaucoup relevé ses critiques des institutions religieuses, on a moins souligné sa dénonciation – derrière le flamboiement des châtelains et le raffinement de leurs peines de cœur à la Marivaux – d'une société qui continue comme par le passé à réduire les villageois au rôle d'accessoires de ses menus plaisirs, à croire que seul l'amour des nobles est digne de considération et que les sentiments élevés des gens éduqués ont plus de valeur que ceux des âmes simples.

Oɴ ʀᴇᴛʀᴏᴜᴠᴇ bien sûr ici les idéaux de Jean-Jacques Rousseau, dont Musset lit à cette époque *La Nouvelle Héloïse*, ainsi qu'un reflet des intérêts de son grand-oncle, le marquis de Musset-Pathay, et de son père pour le philosophe. On y trouve aussi le constat amer d'une réalité quotidienne : comme les soubrettes de son temps séduites par le notable du coin, Rosette paie seule l'addition du jeu subtil auquel se livre l'ancienne aristocratie, toute cultivée qu'elle soit et toute pleine de bonnes intentions qu'elle puisse être.

Un public indécis mais conquis en fin de compte

Parler du public de Musset est toujours délicat. En effet, la pièce parut en 1834 sans être jouée. Musset l'avait composée pour donner « quelque épaisseur » à un recueil de plusieurs pièces que Buloz, son éditeur, voulait publier. Il put y « mesurer l'état de son esprit », comme l'écrivit plus tard son frère. Les rares critiques qui s'exprimèrent alors soulignèrent l'indépendance de l'auteur et la finesse de ses analyses psychologiques, d'autres sa « frivolité », sa trop grande liberté de ton, mêlant allègrement le lyrisme à la rhétorique, liant trop systématiquement le comique à l'absurde.

La pièce ne fut en tout cas jamais représentée du vivant de Musset. Et, lorsque enfin on se décida à la jouer en 1861, elle fut auparavant remaniée par Paul de Musset, expurgée de ses propos jugés trop anticléricaux ou immoraux. Le public continua alors à se partager : les uns, inconditionnels, crièrent au scandale de la censure, les autres jugèrent le style trop poétique, le chœur déplacé. Bref, on fut étonné par un langage souvent à double sens ; on fut dérouté par l'inquiétante Camille, ne sachant pas au juste ce que Musset avait voulu dire. Mais on fut souvent touché, et l'on réserva une ovation au rôle de Rosette, victime ralliant tous les cœurs par sa pureté.

Les représentations de la pièce connurent par la suite un succès grandissant. Comme l'écrit le chroniqueur Sarcey dans le numéro du 28 novembre 1881 du journal *Le Temps* : « Peu à peu le public se familiarisa avec l'œuvre du poète. Il y entra mieux ; elle est aujourd'hui consacrée par une longue admiration. » Il faudra cependant attendre janvier 1923 pour voir rétablie la version originale de 1834 à la Comédie-Française.

Lire l'œuvre aujourd'hui

On ne badine pas avec l'amour est tout entier fondé sur l'instinct d'un poète qui vient de vivre une expérience douloureuse. Fantaisie qui a dépassé le cadre démodé du proverbe (voir p. 102), l'œuvre s'achève dans les affres du mélodrame. Cependant, si elle a toujours touché par sa leçon tragique, elle touche plus encore aujourd'hui par l'interrogation sur le sentiment amoureux qu'elle énonce. Nul doute que les générations successives reprendront avec Perdican les mots définitifs empruntés à une lettre de George Sand : « J'ai souffert souvent, je me suis trompé quelquefois, mais j'ai aimé » (II, 5).

Des adolescents face à des choix fondamentaux

Certes, les personnages de Musset reflètent les mœurs d'un autre temps. Qui en effet sortirait aujourd'hui d'un couvent pour retrouver son cousin et sa sœur de lait dans le château de son oncle ? Qui mourrait dans le coin d'un oratoire en entendant roucouler deux tourtereaux ? Peu de gens, à l'évidence.

En revanche, si Perdican, Camille et Rosette trouvent en nous des échos familiers, c'est parce que, au-delà de l'enveloppe de leur temps, ils traitent de nos questions les plus intimes : comment naît l'amour et la passion ? l'amour existe-t-il vraiment ? qu'est-ce que la liberté sexuelle ? jusqu'où peut-on jouer sur les sentiments ? la différence sociale est-elle un obstacle dans une relation amoureuse ? quelle place réserver à Dieu ? qu'estce qui dure vraiment ? sur quoi peut-on fonder sa vie ? etc. Autant de choix essentiels que Musset aborde de front par le truchement de ses personnages, tous illustrant en apparence un proverbe forgé par la sagesse d'une civilisation.

Une enquête sur la passion et le désir

Si les peines de cœur se cachent derrière les masques sociaux, elles affectent pourtant chacun au plus profond de ses équilibres. D'autant plus que les avancées de la passion sont imprévisibles, ses dégâts souterrains et durables. Certes, avec le temps qui est passé depuis l'écriture de la pièce, les intérêts des critiques puis des spectateurs ont varié : certains ont pointé les orgueils de Perdican et surtout ceux de Camille ; d'autres ont considéré la pièce comme un plaidoyer de Musset pour un retour à l'amour fusionnel, après l'expérience de Venise ; d'autres encore y ont vu une guerre des sexes... Tous ont raison... en partie. L'œuvre, qui ne se réduit surtout pas à l'illustration théâtrale d'une expérience biographique, reste ouverte. On peut y voir ses hésitations, ses regrets, ses luttes, ses échecs et ses surprises. Elle constitue une mise en garde autant contre la jeunesse du cœur et son inexpérience que contre les calculs manipulateurs et blasés des adultes, une interrogation sur la réalité du sentiment amoureux et les égoïsmes de la passion, mais aussi une mise en évidence du moteur du désir aux aiguillons trop souvent tributaires des obstacles que dresse l'autre.

Une conception dramatique libre

L'intérêt psychologique est loin d'être le seul à justifier une lecture de la pièce de nos jours et l'engouement renouvelé qu'elle suscite. Sa conception même résulte d'une singulière liberté de structure et de pensée. *On ne badine pas avec l'amour* se construit en effet dans la surprise, comme si l'auteur oscillait sans cesse entre les balourdises des uns et les atermoiements des autres. Trois actes déséquilibrés, dix-huit scènes, des alternances de décors bucoliques et de scènes d'intérieur, une variété de tons conjuguant le lyrisme le plus appuyé au grotesque farcesque et aux sombres dédales du drame ou de la tragédie auraient dû faire sombrer la pièce dans les oubliettes des théâtres. Et pourtant il n'en est rien. Cette même complication, mise en cause au XIXe siècle, en assure aujourd'hui le succès par le mouvement qu'elle suscite et la séduction qu'elle opère. Le drame moderne, servi par une langue parfaite, est en effet tout entier dans les choix dramatiques précurseurs de Musset.

ON NE BADINE PAS AVEC L'AMOUR.

Lithographie de Louis Morin pour l'édition
de *On ne badine pas avec l'amour*, 1904.

On ne badine pas avec l'amour

Musset

Théâtre

*Proverbe dramatique
publié en 1834,
représenté pour la première fois
à Parsis, en 1861,
à la Comédie-Française*

PERSONNAGES

Le Baron.

Perdican,   *son fils.*

Maître Blazius,   *gouverneur de Perdican.*

Maître Bridaine,   *curé.*

Camille,   *nièce du baron.*

Dame Pluche,   *sa gouvernante.*

Rosette,   *sœur de lait de Camille.*

Un Paysan.

Un Valet.

ACTE I

Scène 1 *Une place devant le château.*

LE CHŒUR. Doucement bercé sur sa mule fringante, messer[1] Blazius s'avance dans les bluets[2] fleuris, vêtu de neuf, l'écritoire au côté. Comme un poupon sur l'oreiller, il se ballotte[3] sur son ventre rebondi, et, les yeux à demi fermés, il marmotte un *Pater noster*[4] dans son triple menton. Salut, maître Blazius, vous arrivez au temps de la vendange, pareil à une amphore antique.

MAÎTRE BLAZIUS. Que ceux qui veulent apprendre une nouvelle d'importance m'apportent ici premièrement un verre de vin frais.

LE CHŒUR. Voilà notre plus grande écuelle ; buvez, maître Blazius ; le vin est bon ; vous parlerez après.

MAÎTRE BLAZIUS. Vous saurez, mes enfants, que le jeune Perdican, fils de notre seigneur, vient d'atteindre à sa majorité, et qu'il est reçu docteur[5] à Paris. Il revient aujourd'hui même au château, la bouche toute pleine de façons de parler si belles et si fleuries qu'on ne sait que lui répondre les trois quarts du temps. Toute sa gracieuse personne est un livre d'or[6] ; il ne voit pas un brin d'herbe à terre, qu'il ne vous dise comment cela s'appelle en latin ; et quand il fait du vent ou qu'il pleut, il vous dit tout clairement pourquoi. Vous ouvririez des yeux grands comme la porte que voilà,

---

1. **Messer :** mot d'origine italienne signifiant « seigneur » ou « monsieur ».
2. **Bluets :** bleuets.
3. **Se ballotte :** emploi rare de la forme pronominale du verbe insistant sur les rondeurs douillettes du personnage.
4. *Pater noster* : premiers mots latins (« Notre Père » en français) d'une prière majeure du culte catholique, le Pater.
5. **Docteur :** grade universitaire pour qui a soutenu une thèse dite de doctorat.
6. **Livre d'or :** référence à Venise, où on y inscrivait en lettres d'or les noms des familles nobles.

de le voir dérouler un des parchemins qu'il a coloriés
d'encres de toutes couleurs, de ses propres mains et sans
25   en rien dire à personne. Enfin c'est un diamant fin des
pieds à la tête, et voilà ce que je viens annoncer à M. le
baron. Vous sentez que cela me fait quelque honneur, à
moi, qui suis son gouverneur[1] depuis l'âge de quatre ans ;
ainsi donc, mes bons amis, apportez une chaise, que je des-
30   cende un peu de cette mule-ci sans me casser le cou ; la
bête est tant soit peu rétive, et je ne serais pas fâché de
boire encore une gorgée avant d'entrer.

LE CHŒUR. Buvez, maître Blazius, et reprenez vos
esprits. Nous avons vu naître le petit Perdican, et il n'était
35   pas besoin, du moment qu'il arrive, de nous en dire si
long. Puissions-nous retrouver l'enfant dans le cœur de
l'homme !

MAÎTRE BLAZIUS. Ma foi, l'écuelle est vide ; je ne
croyais pas avoir tout bu. Adieu ; j'ai préparé, en trottant
40   sur la route, deux ou trois phrases sans prétention qui
plairont à monseigneur ; je vais tirer la cloche.

(Il sort.)

LE CHŒUR. Durement cahotée sur son âne essoufflé,
dame Pluche gravit la colline ; son écuyer transi gour-
45   dine[2] à tour de bras le pauvre animal, qui hoche la tête,
un chardon entre les dents. Ses longues jambes maigres
trépignent de colère, tandis que, de ses mains osseuses,
elle égratigne son chapelet. Bonjour donc, dame Pluche ;
vous arrivez comme la fièvre, avec le vent qui fait jaunir
50   les bois.

DAME PLUCHE. Un verre d'eau, canaille que vous êtes !
un verre d'eau et un peu de vinaigre !

LE CHŒUR. D'où venez-vous, Pluche, ma mie ? Vos faux
cheveux sont couverts de poussière ; voilà un toupet[3] de

---

1. **Gouverneur :** précepteur chargé de l'éducation des garçons.
2. **Gourdine :** donne des coups de gourdin.
3. **Toupet :** touffe de cheveux.

gâté, et votre chaste robe est retroussée jusqu'à vos véné- 55
rables jarretières.

DAME PLUCHE. Sachez, manants, que la belle Camille, la
nièce de votre maître, arrive aujourd'hui au château. Elle
a quitté le couvent sur l'ordre exprès de monseigneur,
pour venir en son temps et lieu recueillir, comme faire se 60
doit, le bon bien qu'elle a de sa mère. Son éducation, Dieu
merci, est terminée ; et ceux qui la verront auront la joie
de respirer une glorieuse fleur de sagesse et de dévotion.
Jamais il n'y a rien eu de si pur, de si ange, de si agneau
et de si colombe que cette chère nonnain[1] ; que le Seigneur 65
Dieu du ciel la conduise ! Ainsi soit-il ! Rangez-vous,
canaille ; il me semble que j'ai les jambes enflées.

LE CHŒUR. Défripez-vous, honnête Pluche ; et quand
vous prierez Dieu, demandez de la pluie ; nos blés sont
secs comme vos tibias. 70

DAME PLUCHE. Vous m'avez apporté de l'eau dans une
écuelle qui sent la cuisine ; donnez-moi la main pour des-
cendre ; vous êtes des butors[2] et des malappris.

(Elle sort.)

LE CHŒUR. Mettons nos habits du dimanche, et atten- 75
dons que le baron nous fasse appeler. Ou je me trompe
fort, ou quelque joyeuse bombance est dans l'air
d'aujourd'hui.

(Ils sortent.)

---

1. **Nonnain :** religieuse.
2. **Butors :** grossiers personnages.

Clefs d'analyse

Compréhension

Les didascalies ou la voix de l'auteur

- Définir le sens du titre et les attentes du spectateur.
- Repérer les informations que nous apporte l'auteur par les didascalies internes et externes.

Réflexion

Le cadre

- Analyser le cadre spatio-temporel de cette première scène et dégager les choix dominants de l'auteur.

Les portraits

- Analyser les portraits de Perdican par Blazius, de Camille par Pluche, de Blazius par le Chœur, de Pluche par le Chœur, du Baron par Blazius et Pluche.
- Déterminer les parallélismes entre les différents portraits.

Le langage

- Caractériser le langage du Chœur (rythme, sonorités, etc.).
- Comparer les langages de Blazius et de Pluche (rythme, ton, registre).

Les comiques

- Distinguer les différents types de comique dans cette scène.

À retenir :

Un texte de théâtre se compose des dialogues (ce qui est prononcé sur scène) et des didascalies. On appelle didascalies l'ensemble de ce qui n'est pas dit par les acteurs mais qui, étant écrit par l'auteur, aide à la mise en scène. Ces didascalies peuvent être initiales : elles donnent le titre, la liste des personnages, le lieu et l'époque de l'action, etc. Elles peuvent aussi se mêler au dialogue, précisant la situation d'énonciation : qui parle, à qui, où, comment, etc. Elles peuvent enfin être internes car déduites du dialogue.

Scène 2
*Une place devant le château.
Entrent* Le Baron, Maître
Bridaine, *et* Maître Blazius.

Le Baron. Maître Bridaine, vous êtes mon ami, je vous présente maître Blazius, gouverneur de mon fils. Mon fils a eu hier matin, à midi huit minutes, vingt et un ans comptés ; il est docteur à quatre boules blanches. Maître Blazius, je vous présente maître Bridaine, curé de la ⁵ paroisse ; c'est mon ami.

Maître Blazius, *saluant.* À quatre boules blanches[1], seigneur ! littérature, botanique, droit romain, droit canon[2].

Le Baron. Allez à votre chambre, cher Blazius, mon fils ne va pas tarder à paraître ; faites un peu de toilette, et ¹⁰ revenez au coup de la cloche.

(Maître Blazius sort.)

Maître Bridaine. Vous dirai-je ma pensée, monseigneur ? Le gouverneur de votre fils sent le vin à pleine bouche. ¹⁵

Le Baron. Cela est impossible.

Maître Bridaine. J'en suis sûr comme de ma vie ; il m'a parlé de fort près tout à l'heure ; il sentait le vin à faire peur.

Le Baron. Brisons là ; je vous répète que cela est impos- ²⁰ sible. *(Entre dame Pluche.)* Vous voilà, bonne dame Pluche ! Ma nièce est sans doute avec vous ?

Dame Pluche. Elle me suit, monseigneur ; je l'ai devancée de quelques pas.

---

1. **Quatre boules blanches :** le blanc est la couleur de l'excellence pour les jurys, qui apparemment donnaient une boule par matière, le rouge étant pour le passable et le noir pour l'insuffisant.
2. **Droit canon :** droit ecclésiastique par opposition au droit romain, qui est le droit civil.

25 **LE BARON.** Maître Bridaine, vous êtes mon ami, je vous présente la dame Pluche, gouvernante de ma nièce. Ma nièce est depuis hier, à sept heures de nuit, parvenue à l'âge de dix-huit ans ; elle sort du meilleur couvent de France. Dame Pluche, je vous présente maître Bridaine,
30 curé de la paroisse ; c'est mon ami.

DAME PLUCHE, *saluant.* Du meilleur couvent de France, seigneur, et je puis ajouter : la meilleure chrétienne du couvent.

LE BARON. Allez, dame Pluche, réparer le désordre[1] où
35 vous voilà ; ma nièce va bientôt venir, j'espère ; soyez prête à l'heure du dîner[2]. *(Dame Pluche sort.)*

MAÎTRE BRIDAINE. Cette vieille demoiselle paraît tout à fait pleine d'onction.

LE BARON. Pleine d'onction[3] et de componction[4], maître
40 Bridaine ; sa vertu est inattaquable.

MAÎTRE BRIDAINE. Mais le gouverneur sent le vin ; j'en ai la certitude.

LE BARON. Maître Bridaine, il y a des moments où je doute de votre amitié. Prenez-vous à tâche de me contre-
45 dire ? Pas un mot de plus là-dessus. J'ai formé le dessein de marier mon fils avec ma nièce ; c'est un couple assorti ; leur éducation me coûte six mille écus.

MAÎTRE BRIDAINE. Il sera nécessaire d'obtenir des dispenses[5].

50 **LE BARON.** Je les ai, Bridaine ; elles sont sur ma table, dans mon cabinet. Ô mon ami ! apprenez maintenant que je suis plein de joie. Vous savez que j'ai eu de tout temps la plus profonde horreur pour la solitude. Cependant la

---

1. **Réparer le désordre :** réajuster vos habits et votre coiffure.
2. **Dîner :** repas de midi.
3. **Onction :** douceur propre à la piété.
4. **Componction :** gravité recueillie devant le divin.
5. **Dispenses :** autorisations spéciales accordées par l'Église dont ont besoin deux cousins désireux de se marier (liens consanguins).

place que j'occupe et la gravité de mon habit[1] me forcent
à rester dans ce château pendant trois mois d'hiver et 55
trois mois d'été. Il est impossible de faire le bonheur des
hommes en général, et de ses vassaux en particulier, sans
donner parfois à son valet de chambre l'ordre rigoureux
de ne laisser entrer personne. Qu'il est austère et difficile,
le recueillement de l'homme d'État ! et quel plaisir ne 60
trouverai-je pas à tempérer, par la présence de mes deux
enfants réunis, la sombre tristesse à laquelle je dois nécessairement être en proie depuis que le roi m'a nommé
receveur[2] !

MAÎTRE BRIDAINE. Ce mariage se fera-t-il ici, ou à Paris ? 65

LE BARON. Voilà où je vous attendais, Bridaine ; j'étais
sûr de cette question. Eh bien ! mon ami, que diriez-vous si
ces mains que voilà, oui, Bridaine, vos propres mains, – ne
les regardez pas d'une manière aussi piteuse, – étaient
destinées à bénir solennellement l'heureuse confirmation 70
de mes rêves les plus chers ? Hé ?

MAÎTRE BRIDAINE. Je me tais ; la reconnaissance me
ferme la bouche.

LE BARON. Regardez par cette fenêtre ; ne voyez-vous
pas que mes gens se portent en foule à la grille ? Mes 75
deux enfants arrivent en même temps ; voilà la combinaison la plus heureuse. J'ai disposé les choses de manière
à tout prévoir. Ma nièce sera introduite par cette porte à
gauche, et mon fils par cette porte à droite. Qu'en dites-
vous ? Je me fais une fête de voir comment ils s'aborde- 80
ront, ce qu'ils se diront ; six mille écus ne sont pas une
bagatelle, il ne faut pas s'y tromper. Ces enfants s'aimaient
d'ailleurs fort tendrement dès le berceau. – Bridaine, il me
vient une idée.

MAÎTRE BRIDAINE. Laquelle ? 85

---

1. **Gravité de mon habit :** austérité, dignité.
2. **Receveur :** personne préposée à la recette des deniers publics.

LE BARON. Pendant le dîner, sans avoir l'air d'y toucher, – vous comprenez, mon ami, – tout en vidant quelques coupes joyeuses… – vous savez le latin, Bridaine.

MAÎTRE BRIDAINE. *Ita edepol*[1], pardieu, si je le sais !

90 **LE BARON.** Je serais bien aise de vous voir entreprendre[2] ce garçon, – discrètement, s'entend, – devant sa cousine ; cela ne peut produire qu'un bon effet ; – faites-le parler un peu latin, – non pas précisément pendant le dîner, cela deviendrait fastidieux, et quant à moi, je n'y comprends 95 rien, – mais au dessert, – entendez-vous ?

MAÎTRE BRIDAINE. Si vous n'y comprenez rien, monseigneur, il est probable que votre nièce est dans le même cas.

LE BARON. Raison de plus ; ne voulez-vous pas qu'une 100 femme admire ce qu'elle comprend ? D'où sortez-vous, Bridaine ? Voilà un raisonnement qui fait pitié.

MAÎTRE BRIDAINE. Je connais peu les femmes ; mais il me semble qu'il est difficile qu'on admire ce qu'on ne comprend pas.

105 **LE BARON.** Je les connais, Bridaine ; je connais ces êtres charmants et indéfinissables. Soyez persuadé qu'elles aiment à avoir de la poudre dans les yeux, et que plus on leur en jette, plus elles les écarquillent, afin d'en gober davantage. *(Perdican entre d'un côté, Camille de l'autre.)* 110 Bonjour, mes enfants ; bonjour, ma chère Camille, mon cher Perdican ! embrassez-moi, et embrassez-vous.

PERDICAN. Bonjour, mon père, ma sœur bien-aimée ! Quel bonheur ! que je suis heureux !

CAMILLE. Mon père et mon cousin, je vous salue.

115 **PERDICAN.** Comme te voilà grande, Camille ! et belle comme le jour !

LE BARON. Quand as-tu quitté Paris, Perdican ?

---

1. ***Ita edepol*** : en latin, « oui, par Pollux ».
2. **Entreprendre :** inviter à parler.

PERDICAN. Mercredi, je crois, ou mardi. Comme te voilà métamorphosée en femme ! Je suis donc un homme, moi ! Il me semble que c'est hier que je t'ai vue pas plus haute que cela. 120

LE BARON. Vous devez être fatigués ; la route est longue, et il fait chaud.

PERDICAN. Oh ! mon Dieu, non. Regardez donc, mon père, comme Camille est jolie ! 125

LE BARON. Allons Camille, embrasse ton cousin.

CAMILLE. Excusez-moi.

LE BARON. Un compliment vaut un baiser ; embrasse-la, Perdican.

PERDICAN. Si ma cousine recule quand je lui tends la 130 main, je vous dirai à mon tour : Excusez-moi ; l'amour peut voler un baiser, mais non pas l'amitié.

CAMILLE. L'amitié ni l'amour ne doivent recevoir que ce qu'ils peuvent rendre.

LE BARON, *à maître Bridaine.* Voilà un commencement 135 de mauvais augure, hé ?

MAÎTRE BRIDAINE, *au baron.* Trop de pudeur est sans doute un défaut ; mais le mariage lève bien des scrupules.

LE BARON, *à maître Bridaine.* Je suis choqué, – blessé. – Cette réponse m'a déplu. – *Excusez-moi !* Avez-vous vu 140 qu'elle a fait mine de se signer ? – Venez ici que je vous parle. – Cela m'est pénible au dernier point. Ce moment, qui devait m'être si doux, est complètement gâté. – Je suis vexé, piqué. – Diable ! voilà qui est fort mauvais.

MAÎTRE BRIDAINE. Dites-leur quelques mots ; les voilà 145 qui se tournent le dos.

LE BARON. Eh bien ! mes enfants, à quoi pensez-vous donc ? Que fais-tu là, Camille, devant cette tapisserie ?

CAMILLE, *regardant un tableau.* Voilà un beau portrait, mon oncle ! N'est-ce pas une grand'tante à nous ? 150

LE BARON. Oui, mon enfant, c'est ta bisaïeule, – ou du moins la sœur de ton bisaïeul, – car la chère dame n'a

jamais concouru, pour sa part, je crois, autrement qu'en prières, – à l'accroissement de la famille. – C'était, ma foi,
155 une sainte femme.

CAMILLE. Oh ! oui, une sainte ! c'est ma grand'tante Isabelle. Comme ce costume religieux lui va bien !

LE BARON. Et toi, Perdican, que fais-tu là devant ce pot de fleurs ?

160 **PERDICAN.** Voilà une fleur charmante, mon père. C'est un héliotrope[1].

LE BARON. Te moques-tu ? elle est grosse comme une mouche.

PERDICAN. Cette petite fleur grosse comme une mouche
165 a bien son prix.

MAÎTRE BRIDAINE. Sans doute ! le docteur a raison. Demandez-lui à quel sexe, à quelle classe elle appartient, de quels éléments elle se forme, d'où lui viennent sa sève et sa couleur ; il vous ravira en extase en vous détaillant
170 les phénomènes de ce brin d'herbe, depuis la racine jusqu'à la fleur.

PERDICAN. Je n'en sais pas si long, mon révérend[2]. Je trouve qu'elle sent bon, voilà tout.

---

1. **Héliotrope :** plante à feuilles persistantes et à fleurs odorantes des régions chaudes et tempérées.
2. **Mon révérend :** titre honorifique employé pour un religieux.

Clefs d'analyse

Acte I, scène 2

Compréhension

La poursuite de l'exposition

- Préciser le lieu et la composition de la scène (entrées et sorties des personnages).
- Relever les informations complémentaires (situations, personnages).
- Préciser la volonté du Baron.

Réflexion

Le portrait d'un aristocrate

- Analyser le langage du Baron (registre, expressions favorites...).
- Dégager, à partir de son langage, ses traits de caractère.
- Discuter l'opinion selon laquelle le baron serait un « fantoche ».

Théâtralisation et oppositions

- Analyser la théâtralisation de la rencontre entre Perdican et Camille (didascalies, annonces, prises de parole).
- Déterminer puis analyser les grandes oppositions qui se manifestent à la faveur de cette scène (personnages, situations, système de pensée).

Le coup de théâtre

- Expliquer en quoi consiste le coup de théâtre (déclenchement, raisons). Analyser son intérêt dramatique.
- Interpréter la réaction de Camille devant le portrait d'Isabelle (forme, indices sur la suite).

À retenir :
Le coup de théâtre est d'ordinaire un rebondissement inattendu de l'action lors d'une péripétie. Il prend ici une autre dimension dans la mesure où l'exposition n'est pas terminée. Musset joue donc sur l'effet de surprise et introduit une innovation importante par rapport au théâtre classique.

Scène 3 *Devant le château.*

Entre LE CHŒUR. Plusieurs choses me divertissent et excitent ma curiosité. Venez, mes amis, et asseyons-nous sous ce noyer. Deux formidables dîneurs sont en ce moment en présence au château, maître Bridaine et maître Bla-
5 zius. N'avez-vous pas fait une remarque ? c'est que, lorsque deux hommes à peu près pareils, également gros, également sots, ayant les mêmes vices et les mêmes passions, viennent par hasard à se rencontrer, il faut nécessairement qu'ils s'adorent ou qu'ils s'exècrent. Par la
10 raison que les contraires s'attirent, qu'un homme grand et desséché aimera un homme petit et rond, que les blonds recherchent les bruns, et réciproquement, je prévois une lutte secrète entre le gouverneur et le curé. Tous deux sont armés d'une égale impudence ; tous
15 deux ont pour ventre un tonneau ; non seulement ils sont gloutons, mais ils sont gourmets ; tous deux se disputeront, à dîner, non seulement la quantité, mais la qualité. Si le poisson est petit, comment faire ? et dans tous les cas une langue de carpe ne peut se partager, et
20 une carpe ne peut avoir deux langues. *Item*[1], tous deux sont bavards ; mais à la rigueur ils peuvent parler ensemble sans s'écouter ni l'un ni l'autre. Déjà maître Bridaine a voulu adresser au jeune Perdican plusieurs questions pédantes, et le gouverneur a froncé le sourcil.
25 Il lui est désagréable qu'un autre que lui semble mettre son élève à l'épreuve. *Item*, ils sont aussi ignorants l'un que l'autre. *Item*, ils sont prêtres tous deux ; l'un se targuera de sa cure, l'autre se rengorgera dans sa charge de gouverneur. Maître Blazius confesse le fils, et maître Bri-
30 daine le père. Déjà je les vois accoudés sur la table, les

---

1. **Item** : en outre.

joues enflammées, les yeux à fleur de tête, secouer pleins de haine leurs triples mentons. Ils se regardent de la tête aux pieds, ils préludent par de légères escarmouches[1] ; bientôt la guerre se déclare ; les cuistreries de toute espèce se croisent et s'échangent, et, pour comble de malheur, entre les deux ivrognes s'agite dame Pluche, qui les repousse l'un et l'autre de ses coudes affilés.

Maintenant que voilà le dîner fini, on ouvre la grille du château. C'est la compagnie qui sort, retirons-nous à l'écart.

(Ils sortent. – Entrent le baron et dame Pluche.)

LE BARON. Vénérable Pluche, je suis peiné.

DAME PLUCHE. Est-il possible, monseigneur ?

LE BARON. Oui, Pluche, cela est possible. J'avais compté depuis longtemps, – j'avais même écrit, noté, – sur mes tablettes de poche, – que ce jour devait être le plus agréable de mes jours, – oui bonne dame, le plus agréable. – Vous n'ignorez pas que mon dessein était de marier mon fils avec ma nièce ; – cela était résolu, – convenu, – j'en avais parlé à Bridaine, – et je vois, je crois voir, que ces enfants se parlent froidement ; ils ne se sont pas dit un mot.

DAME PLUCHE. Les voilà qui viennent, monseigneur. Sont-ils prévenus de vos projets ?

LE BARON. Je leur en ai touché quelques mots en particulier. Je crois qu'il serait bon, puisque les voilà réunis, de nous asseoir sous cet ombrage propice, et de les laisser ensemble un instant.

(Il se retire avec dame Pluche. – Entrent Camille et Perdican.)

PERDICAN. Sais-tu que cela n'a rien de beau, Camille, de m'avoir refusé un baiser ?

CAMILLE. Je suis comme cela ; c'est ma manière.

PERDICAN. Veux-tu mon bras pour faire un tour dans le village ?

---

1. **Escarmouches :** chamailleries.

CAMILLE. Non, je suis lasse.

65 **PERDICAN.** Cela ne te ferait pas plaisir de revoir la prairie ? Te souviens-tu de nos parties sur le bateau ? Viens, nous descendrons jusqu'aux moulins ; je tiendrai les rames, et toi le gouvernail.

CAMILLE. Je n'en ai nulle envie.

70 **PERDICAN.** Tu me fends l'âme. Quoi ! pas un souvenir, Camille ? pas un battement de cœur pour notre enfance, pour tout ce pauvre temps passé, si bon, si doux, si plein de niaiseries délicieuses ? Tu ne veux pas venir voir le sentier par où nous allions à la ferme ?

75 **CAMILLE.** Non, pas ce soir.

PERDICAN. Pas ce soir ! et quand donc ? Toute notre vie est là.

CAMILLE. Je ne suis pas assez jeune pour m'amuser de mes poupées, ni assez vieille pour aimer le passé.

80 **PERDICAN.** Comment dis-tu cela ?

CAMILLE. Je dis que les souvenirs d'enfance ne sont pas de mon goût.

PERDICAN. Cela t'ennuie ?

CAMILLE. Oui, cela m'ennuie.

85 **PERDICAN.** Pauvre enfant ! Je te plains sincèrement.

(Ils sortent chacun de leur côté.)

LE BARON, *rentrant avec dame Pluche.* Vous le voyez, et vous l'entendez, excellente Pluche ; je m'attendais à la plus suave harmonie, et il me semble assister à un concert
90 où le violon joue *Mon cœur soupire*[1], pendant que la flûte joue *Vive Henri IV*[2]. Songez à la discordance affreuse qu'une pareille combinaison produirait. Voilà pourtant ce qui se passe dans mon cœur.

---

1. **Mon cœur soupire** : romance de Chérubin dans *Les Noces de Figaro* de Mozart (1786).
2. **Vive Henri IV** : chanson à boire d'une comédie de 1774.

DAME PLUCHE. Je l'avoue ; il m'est impossible de blâmer Camille, et rien n'est de plus mauvais ton, à mon sens, que les parties de bateau. 95

LE BARON. Parlez-vous sérieusement ?

DAME PLUCHE. Seigneur, une jeune fille qui se respecte ne se hasarde pas sur les pièces d'eau.

LE BARON. Mais observez donc, dame Pluche, que son cousin doit l'épouser, et que dès lors... 100

DAME PLUCHE. Les convenances défendent de tenir un gouvernail, et il est malséant de quitter la terre ferme seule avec un jeune homme.

LE BARON. Mais, je répète... je vous dis... 105

DAME PLUCHE. C'est là mon opinion.

LE BARON. Êtes-vous folle ? En vérité, vous me feriez dire... Il y a certaines expressions que je ne veux pas... qui me répugnent... Vous me donnez envie... En vérité, si je ne me retenais... Vous êtes une pécore[1], Pluche ! Je ne 110 sais que penser de vous.

(Il sort.)

---

1. **Pécore :** prétentieuse.

Clefs d'analyse

Acte I, scène 3

Compréhension

▌ L'enchaînement des scènes d'exposition

- Observer l'enchaînement des trois premières scènes sur le plan des lieux, de l'apparition des personnages et de l'évolution de l'exposition (rupture, prolongement...).

▌ La structure interne de la scène

- Préciser la composition de cette scène.

Réflexion

▌ La tirade du Chœur (I, 3, l. 1-37)

- Analyser le langage du Chœur (argumentation, registre, figures de style, rythme, ponctuation, etc.) et préciser son rôle.
- Préciser le rôle du Chœur dans l'action dramatique.
- Discuter le jugement selon lequel cette tirade est « parodique ».

▌ Le Baron et dame Pluche

- Analyser les ressorts du comique burlesque dans les deux dialogues entre le Baron et dame Pluche.
- Préciser l'intérêt dramatique de leur double intervention.

▌ La deuxième rencontre entre Perdican et Camille

- Analyser l'opposition entre les deux personnages (proposition/refus).
- Clarifier les prises de pouvoir dans leur échange.
- Comparer les images de Perdican et Camille proposées à la scène 1 aux réalités de leurs caractères dévoilés ici.

À retenir :

Le registre comique s'exprime autant par des jeux de mots, par des variations sur les niveaux de langage, des figures de style inattendues (coq-à-l'âne, reprises de mots...) que par des jeux sur le rythme des phrases. Ici, Musset nous plonge dans un genre hybride en mêlant le comique de farce (ou burlesque) au comique de caractère et de mœurs. D'où un comique voilé par une inquiétude sourde, infiltré dans une même scène.

Scène 4 *Une place.*
LE CHŒUR, PERDICAN.

PERDICAN. Bonjour, mes amis. Me reconnaissez-vous ?

LE CHŒUR. Seigneur, vous ressemblez à un enfant que nous avons beaucoup aimé.

PERDICAN. N'est-ce pas vous qui m'avez porté sur votre dos pour passer les ruisseaux de vos prairies, vous qui 5 m'avez fait danser sur vos genoux, qui m'avez pris en croupe sur vos chevaux robustes, qui vous êtes serrés quelquefois autour de vos tables pour me faire une place au souper de la ferme ?

LE CHŒUR. Nous nous en souvenons, seigneur. Vous 10 étiez bien le plus mauvais garnement et le meilleur garçon de la terre.

PERDICAN. Et pourquoi donc alors ne m'embrassez-vous pas, au lieu de me saluer comme un étranger ?

LE CHŒUR. Que Dieu te bénisse, enfant de nos 15 entrailles ! Chacun de nous voudrait te prendre dans ses bras ; mais nous sommes vieux, monseigneur, et vous êtes un homme.

PERDICAN. Oui, il y a dix ans que je ne vous ai vus, et en un jour tout change sous le soleil. Je me suis élevé de 20 quelques pieds[1] vers le ciel, et vous vous êtes courbés de quelques pouces[2] vers le tombeau. Vos têtes ont blanchi, vos pas sont devenus plus lents ; vous ne pouvez plus soulever de terre votre enfant d'autrefois. C'est donc à moi d'être votre père, à vous qui avez été les miens. 25

LE CHŒUR. Votre retour est un jour plus heureux que votre naissance. Il est plus doux de retrouver ce qu'on aime que d'embrasser un nouveau-né.

---

1. **Pied :** ancienne mesure correspondant à 0,324 8 m.
2. **Pouce :** ancienne mesure correspondant à 2,7 cm.

PERDICAN. Voilà donc ma chère vallée ! mes noyers, mes
30 sentiers verts, ma petite fontaine ! voilà mes jours passés
encore tout pleins de vie, voilà le monde mystérieux des
rêves de mon enfance ! Ô patrie ! patrie ! mot incompréhensible ! l'homme n'est-il donc né que pour un coin de
terre, pour y bâtir son nid et pour y vivre un jour ?

35 **LE CHŒUR.** On nous a dit que vous êtes un savant,
monseigneur.

PERDICAN. Oui, on me l'a dit aussi. Les sciences sont une
belle chose, mes enfants ; ces arbres et ces prairies ensei-
gnent à haute voix la plus belle de toutes, l'oubli de ce
40 qu'on sait.

LE CHŒUR. Il s'est fait plus d'un changement pendant
votre absence. Il y a des filles mariées et des garçons partis
pour l'armée.

PERDICAN. Vous me conterez tout cela. Je m'attends bien
45 à du nouveau ; mais en vérité je n'en veux pas encore.
Comme ce lavoir est petit ! autrefois il me paraissait
immense. J'avais emporté dans ma tête un océan et des
forêts, et je retrouve une goutte d'eau et des brins d'herbe.
Quelle est donc cette jeune fille qui chante à sa croisée,
50 derrière ces arbres ?

LE CHŒUR. C'est Rosette, la sœur de lait de votre cousine
Camille.

PERDICAN, *s'avançant.* Descends vite, Rosette, et viens
ici.

55 **ROSETTE,** *entrant.* Oui, monseigneur.

PERDICAN. Tu me voyais de ta fenêtre, et tu ne venais
pas, méchante fille ? Donne-moi vite cette main-là et ces
joues-là, que je t'embrasse.

ROSETTE. Oui, monseigneur.

60 **PERDICAN.** Es-tu mariée, petite ? on m'a dit que tu l'étais.

ROSETTE. Oh ! non.

PERDICAN. Pourquoi ? Il n'y a pas dans le village de plus
jolie fille que toi. Nous te marierons, mon enfant.

LE CHŒUR. Monseigneur, elle veut mourir fille.

PERDICAN. Est-ce vrai, Rosette ?   65

ROSETTE. Oh ! non.

PERDICAN. Ta sœur Camille est arrivée. L'as-tu vue ?

ROSETTE. Elle n'est pas encore venue par ici.

PERDICAN. Va-t'en vite mettre ta robe neuve, et viens
souper au château.   70

Lithographie de Louis Morin pour l'édition
de *On ne badine pas avec l'amour*, 1904.

Clefs d'analyse

Acte I, scène 4

Compréhension

La cohérence des scènes

- Observer l'enchaînement et la rupture que cette scène présente avec la précédente.

L'évolution des personnages

- Préciser le rôle du Chœur dans la scène. Comparer avec son rôle précédent.

Réflexion

Des variations lyriques

- Analyser le registre dominant du dialogue entre le Chœur et Perdican (figures de style, rythme, sonorités, etc.).
- Analyser les différences sociales marquées dans le dialogue entre Perdican, le Chœur et Rosette.
- On a dit que Musset était dans cette scène très « rousseauiste » : examiner l'influence éventuelle de Rousseau.

Une nouvelle première rencontre

- Analyser les éléments caractéristiques de la première rencontre entre Perdican et Rosette.
- Analyser le rôle du décor dans cette scène.

À retenir :

Courte et ne devant pas dépasser les frontières du premier acte, l'exposition éclaire le public sur l'identité des personnages et la situation initiale. Elle permet d'entrer dans l'action proprement dite, de situer les actants. Ici, elle semble opposer le groupe des jeunes gens (Perdican/Rosette) à celui des grotesques (le Baron, Blazius, Bridaine et Pluche), le Chœur jouant le rôle des arbitres. Avec l'apparition de Rosette, l'exposition se clôt sur une question : quel rôle va tenir ce nouveau personnage dans l'action ?

Scène 5 *Une salle.*
Entrent LE BARON
et MAÎTRE BLAZIUS.

MAÎTRE BLAZIUS. Seigneur, j'ai un mot à vous dire ; le curé de la paroisse est un ivrogne.

LE BARON. Fi donc ! cela ne se peut pas.

MAÎTRE BLAZIUS. J'en suis certain – Il a bu à dîner trois bouteilles de vin.

LE BARON. Cela est exorbitant.

MAÎTRE BLAZIUS. Et, en sortant de table, il a marché sur les plates-bandes.

LE BARON. Sur les plates-bandes ? – Je suis confondu ! – Voilà qui est étrange ! – Boire trois bouteilles de vin à dîner ! marcher sur les plates-bandes ! c'est incompréhensible. – Et pourquoi ne marchait-il pas dans l'allée ?

MAÎTRE BLAZIUS. Parce qu'il allait de travers.

LE BARON, *à part.* Je commence à croire que Bridaine avait raison ce matin. Ce Blazius sent le vin d'une manière horrible.

MAÎTRE BLAZIUS. De plus, il a mangé beaucoup ; sa parole était embarrassée.

LE BARON. Vraiment, je l'ai remarqué aussi.

MAÎTRE BLAZIUS. Il a lâché quelques mots latins ; c'étaient autant de solécismes[1]. Seigneur, c'est un homme dépravé.

LE BARON, *à part.* Pouah ! Ce Blazius a une odeur qui est intolérable. – Apprenez, gouverneur, que j'ai bien autre chose en tête, et que je ne me mêle jamais de ce qu'on boit ni de ce qu'on mange. Je ne suis pas un majordome[2].

---

1. **Solécismes :** fautes de syntaxe.
2. **Majordome :** maître d'hôtel.

Maître Blazius. À Dieu ne plaise que je vous déplaise, monsieur le baron. Votre vin est bon.

30 **Le Baron.** Il y a de bon vin dans mes caves.

Maître Bridaine, *entrant.* Seigneur, votre fils est sur la place, suivi de tous les polissons du village.

Le Baron. Cela est impossible.

Maître Bridaine. Je l'ai vu de mes propres yeux. Il
35 ramassait des cailloux pour faire des ricochets.

Le Baron. Des ricochets ? – Ma tête s'égare ; voilà mes idées qui se bouleversent. – Vous me faites un rapport insensé, Bridaine. Il est inouï qu'un docteur fasse des ricochets.

40 **Maître Bridaine.** Mettez-vous à la fenêtre, monseigneur, vous le verrez de vos propres yeux.

Le Baron, *à part.* Ô ciel ! Blazius a raison ; Bridaine va de travers.

Maître Bridaine. Regardez, monseigneur, le voilà au
45 bord du lavoir. Il tient sous le bras une jeune paysanne.

Le Baron. Une jeune paysanne ? Mon fils vient-il ici pour débaucher mes vassales ? Une paysanne sous son bras ! et tous les gamins du village autour de lui ! je me sens hors de moi.

50 **Maître Bridaine.** Cela crie vengeance.

Le Baron. Tout est perdu ! – perdu sans ressource ! – Je suis perdu : Bridaine va de travers, Blazius sent le vin à faire horreur, et mon fils séduit toutes les filles du village en faisant des ricochets !

55 *(Il sort.)*

Clefs d'analyse

Acte I, scène 5

Compréhension

La conclusion d'un acte

- Repérer les luttes de pouvoir entre les personnages au travers de leur dénonciation mutuelle.
- Résumer le contenu de la scène puis justifier sa situation dans l'acte.

Réflexion

L'évolution des personnages

- Analyser le « dialogue de sourds », développé dans cette scène (fonctionnement, effet).
- Analyser le double langage du Baron, entre autres, le rôle des apartés dans le processus de double énonciation.
- Étudier l'évolution du Baron au cours de l'acte : que dévoile-t-il ?
- Analyser les ressources du registre comique (situation, sujets de conversation, lieux communs) dans cette scène.

Une scène conclusive

- Expliquer la réplique de Bridaine : « Cela crie vengeance. »
- Discuter du comique de la scène.
- Préciser comment Musset joue sur l'attente des spectateurs dans cette scène.
- Énoncer les attentes du spectateur à la fin de cet acte.

À retenir :

La double énonciation consiste dans le fait que les paroles prononcées par le personnage sont aussi celles de l'auteur. Cette double énonciation va de pair avec une double destination : un personnage s'adresse à un autre personnage en même temps qu'il parle au spectateur. Ici, les apartés du baron participent de ce principe, en ce qu'ils permettent au spectateur de connaître des éléments que les personnages ne sont pas censés entendre.

Synthèse Acte I

L'acte des symétries apparentes

Personnages

*Une exposition à la géométrie
« presque » parfaite*

Tout commence bien dans un décor bucolique. Deux jeunes gens sont attendus, l'un sortant de l'université, l'autre du couvent. Le château familial se prépare déjà à fêter leur alliance. L'intrigue sort tout droit d'une comédie de boulevard ou d'une opérette. Les personnages s'avancent : un Chœur de villageois débonnaire et curieux de retrouver le « petit » du pays devenu docteur à Paris, un gouverneur alcoolique, dépassé par son élève auquel répond une gouvernante acerbe et bigote, un curé porté lui aussi sur la boisson, un Baron imbu de lui-même et lâche qui a tout prévu : les retrouvailles minutées des jeunes gens, leur attirance réciproque, leur cérémonie de mariage.

Cet arrière-plan, bourré de symétries et plutôt burlesque, brise les images romanesques initiales, énoncées par le Chœur. Les jeunes premiers s'y engagent à pas comptés, obéissant eux aussi à la géométrie d'ensemble : ils sont beaux ; l'un brille par une intelligence universitaire allié à un goût pour la simplicité naturelle ; l'autre reste énigmatique, enfermée tout entière dans ses refus, barricadée derrière son éducation religieuse. L'exposition aurait pu s'arrêter là, en posant le problème avec logique : deux jeunes gens semblent réservés sur le mariage qu'on a programmé pour eux.

On serait alors dans une pièce de Molière ou de Marivaux. Or on est chez Musset, qui va faire voler en éclats les symétries. Dès la scène 4, il introduit leur processus de destruction avec un nouveau personnage, la belle villageoise Rosette. Trois jeunes gens occupent à présent l'espace scénique : un de trop. Pourquoi

Musset l'a-t-il introduit ? Sa différence sociale perturbe le concert des langages homogènes. Son innocence apparente va-t-elle amener une distribution nouvelle des cartes ?

D'où les inquiétudes d'un spectateur, aguiché par un titre prometteur, *On ne badine pas avec l'amour*, qui se demande où est l'amour dans cette histoire, où l'auteur veut le mener, en brouillant soudainement les pistes, un temps bien tracées. Son désarroi rejoint celui des fantoches de la dernière scène, résumant, malgré leur bêtise fondatrice, l'état d'une action qui échappe à toute projection logique.

Langage

Un mélange des genres et des registres

L'acte est en effet surprenant, mêlant allègrement les genres et les registres (voir plus loin, p. 102). Musset et les romantiques en général nous y habituent, certes, mais il est toujours curieux de constater comment un auteur peut faire cohabiter, sans détruire une harmonie d'ensemble, des éléments disparates. Usant des symétries les plus visibles, Musset oppose les fantoches aux jeunes premiers par les pensées et les langages.

D'un côté, Perdican et Camille (Rosette étant effacée à ce moment de l'exposition) présentent leur identité respective avec sincérité, même si leurs discours s'opposent. Au lyrisme rousseauiste et généreux de l'un répond un discours sec de protection contre l'engagement programmé et contre l'attendrissement devant les souvenirs d'enfance. À l'ouverture répond le refus. Deux conceptions du monde, deux intelligences équivalentes s'affrontent à un niveau soutenu.

De l'autre côté, c'est la débandade dans la vulgarité et le grotesque. Les « vieux » en ont l'apanage. Bridaine et Blazius, gloutons de profession, manipulateurs minables, s'affrontent dans leurs luttes de pouvoir, s'accusant mutuellement d'ivrognerie. Le Baron ne vaut guère mieux, entiché de lui-même, mais en même temps développant des discours incohérents et

Synthèse Acte I

montrant que les valeurs de courage et de bravoure, fondatrices de la noblesse, l'ont déserté. Quant à dame Pluche, elle incarne la vieille fille hargneuse et sotte : « Seigneur, une jeune fille qui se respecte ne se hasarde pas sur les pièces d'eau » (I, 3, l. 98-99).

Société

Un monde fissuré

L'écart est grand entre ces deux mondes. Il s'agrandit encore du fait de la critique – traditionnelle dans le genre du proverbe – du clergé, et plus généralement de l'influence de la religion sur les esprits, singulièrement sur celui des femmes. Dame Pluche est certes folle (« Êtes-vous folle ? », I, 3, l. 107), mais elle n'est pas la seule. La société des années 1830 est tout entichée de bigoteries, les couvents étant les lieux de prédilection de l'éducation des filles. Si, depuis la réforme que leur a imposée au XVIIᵉ siècle Mère Angélique Arnauld à Port-Royal, il est de bon goût de se cloîtrer pour adorer l'Éternel, en se fustigeant au besoin, le résultat est là : une génération de femmes est endoctrinée et heureuse de l'être, encadrée par des dames Pluche intransigeantes. Musset y ajoute une charge contre la noblesse qui ne pense qu'à faire valoir ses privilèges injustifiables en rappelant son pouvoir sur ses « vassaux ».

Face à ces impuretés, le Chœur des villageois et sans doute Perdican, malgré sa faiblesse, représentent-ils l'espoir d'un retour à l'Âge d'or grâce au respect des règles de la nature ?

ACTE II

Scène 1
Un jardin.
Entrent MAÎTRE BLAZIUS
et PERDICAN.

MAÎTRE BLAZIUS. Seigneur, votre père est au désespoir.

PERDICAN. Pourquoi cela ?

MAÎTRE BLAZIUS. Vous n'ignorez pas qu'il avait formé le projet de vous unir à votre cousine Camille ?

PERDICAN. Eh bien ? – je ne demande pas mieux. 5

MAÎTRE BLAZIUS. Cependant, le baron croit remarquer que vos caractères ne s'accordent pas.

PERDICAN. Cela est malheureux ; je ne puis refaire le mien.

MAÎTRE BLAZIUS. Rendrez-vous par là ce mariage 10 impossible ?

PERDICAN. Je vous répète que je ne demande pas mieux que d'épouser Camille. Allez trouver le baron et dites-lui cela.

MAÎTRE BLAZIUS. Seigneur, je me retire : voilà votre 15 cousine qui vient de ce côté.

(Il sort. – Entre Camille.)

PERDICAN. Déjà levée, cousine ? J'en suis toujours pour ce que je t'ai dit hier ; tu es jolie comme un cœur.

CAMILLE. Parlons sérieusement, Perdican ; votre père 20 veut nous marier. Je ne sais ce que vous en pensez ; mais je crois bien faire en vous prévenant que mon parti est pris là dessus.

PERDICAN. Tant pis pour moi si je vous déplais.

CAMILLE. Pas plus qu'un autre ; je ne veux pas me 25 marier : il n'y a rien là dont votre orgueil puisse souffrir.

PERDICAN. L'orgueil n'est pas mon fait ; je n'en estime ni les joies ni les peines.

CAMILLE. Je suis venue ici pour recueillir le bien de ma mère ; je retourne demain au couvent. 30

PERDICAN. Il y a de la franchise dans ta démarche ; touche là, et soyons bons amis.

CAMILLE. Je n'aime pas les attouchements[1].

PERDICAN, *lui prenant la main.* Donne-moi ta main,
35 Camille, je t'en prie. Que crains-tu de moi ? Tu ne veux pas qu'on nous marie ? eh bien ! ne nous marions pas ; est-ce une raison pour nous haïr ? ne sommes-nous pas le frère et la sœur ? Lorsque ta mère a ordonné ce mariage dans son testament, elle a voulu que notre amitié fût éter-
40 nelle, voilà tout ce qu'elle a voulu. Pourquoi nous marier ? voilà ta main et voilà la mienne ; et pour qu'elles restent unies ainsi jusqu'au dernier soupir, crois-tu qu'il nous faille un prêtre ? Nous n'avons besoin que de Dieu.

CAMILLE. Je suis bien aise que mon refus vous soit indif-
45 férent.

PERDICAN. Il ne m'est point indifférent, Camille. Ton amour m'eût donné la vie, mais ton amitié m'en consolera. Ne quitte pas le château demain ; hier, tu as refusé de faire un tour de jardin, parce que tu voyais en moi un mari dont
50 tu ne voulais pas. Reste ici quelques jours ; laisse-moi espérer que notre vie passée n'est pas morte à jamais dans ton cœur.

CAMILLE. Je suis obligée de partir.

PERDICAN. Pourquoi ?

55 **CAMILLE.** C'est mon secret.

PERDICAN. En aimes-tu un autre que moi ?

CAMILLE. Non ; mais je veux partir.

PERDICAN. Irrévocablement ?

CAMILLE. Oui, irrévocablement.

60 **PERDICAN.** Eh bien ! adieu. J'aurais voulu m'asseoir avec toi sous les marronniers du petit bois, et causer de bonne amitié une heure ou deux. Mais si cela te déplaît, n'en parlons plus ; adieu, mon enfant. *(Il sort.)*

---

1. **Les attouchements :** que l'on me touche.

CAMILLE, *à dame Pluche qui entre.* Dame Pluche, tout est-il prêt ? Partirons-nous demain ? Mon tuteur a-t-il fini ses comptes ? 65

DAME PLUCHE. Oui, chère colombe sans tache. Le baron m'a traitée de pécore hier soir, et je suis enchantée de partir.

CAMILLE. Tenez, voilà un mot d'écrit que vous porterez avant dîner, de ma part, à mon cousin Perdican. 70

DAME PLUCHE. Seigneur mon Dieu ! est-ce possible ? vous écrivez un billet à un homme ?

CAMILLE. Ne dois-je pas être sa femme ? Je puis bien écrire à mon fiancé.

DAME PLUCHE. Le seigneur Perdican sort d'ici. Que 75 pouvez-vous lui écrire ? Votre fiancé, miséricorde ! Serait-il vrai que vous oubliez Jésus ?

CAMILLE. Faites ce que je vous dis, et disposez tout pour notre départ. *(Elles sortent.)*

Clefs d'analyse
Acte II, scène 1

Compréhension

Une scène rythmée par plusieurs tableaux
- Imaginer ce qui s'est passé durant l'entracte.
- Observer les liens logiques entre les différents tableaux.

Des rencontres successives
- Préciser comment s'agence la deuxième rencontre entre Perdican et Camille (causes des rencontres, issue des rencontres).
- Dégager une information relative au mariage projeté.

Réflexion

Les rôles de maître Blazius et dame Pluche
- Comparer ces deux rôles (fonction, langage, rapport avec les autres personnages, symétries).

La troisième rencontre entre Camille et Perdican
- Analyser l'utilisation des pronoms personnels dans le dialogue entre Camille et Perdican.
- Préciser les moyens que déploie Perdican pour se rapprocher de sa cousine (argumentation, langage).
- Analyser l'implicite contenu dans les répliques de Camille.

La lettre de Camille
- Déterminer la fonction dramatique de la lettre de Camille.
- Analyser l'évolution dramatique du personnage de Camille et son effet sur le spectateur.

À retenir :
L'implicite est ce qui n'est pas immédiatement visible dans un texte. Il établit entre le personnage et le spectateur un rapport particulier : d'ordinaire de connivence, ici de mystère. Son expression peut se caractériser par l'utilisation de modalisateurs, d'un vocabulaire appréciatif et dépréciatif, des sous-entendus, etc. Ici, l'implicite se caractériserait plutôt par des sous-entendus et des ellipses.

Scène 2 *La salle à manger. On met le couvert.*

Entre **MAÎTRE BRIDAINE.** Cela est certain, on lui donnera encore aujourd'hui la place d'honneur. Cette chaise que j'ai occupée si longtemps à la droite du baron sera la proie du gouverneur. Ô malheureux que je suis ! Un âne bâté[1], un ivrogne sans pudeur, me relègue au bas bout[2] de la table ! le majordome lui versera le premier verre de malaga[3], et, lorsque les plats arriveront à moi, ils seront à moitié froids, et les meilleurs morceaux déjà avalés ; il ne restera plus autour des perdreaux ni choux ni carottes. Ô sainte Église catholique ! Qu'on lui ait donné cette place hier, cela se concevait ; il venait d'arriver ; c'était la première fois depuis nombre d'années, qu'il s'asseyait à cette table. Dieu ! comme il dévorait ! Non, rien ne me restera que des os et des pattes de poulet. Je ne souffrirai pas cet affront. Adieu, vénérable fauteuil où je me suis renversé tant de fois, gorgé de mets succulents ! Adieu, bouteilles cachetées[4], fumet sans pareil de venaisons[5] cuites à point ! Adieu, table splendide, noble salle à manger, je ne dirai plus le *Benedicite*[6] ! Je retourne à ma cure[7] ; on ne me verra pas confondu parmi la foule des convives, et j'aime mieux, comme César, être le premier au village que le second dans Rome[8]. *(Il sort.)*

---

1. **Âne bâté :** ignorant.
2. **Bas bout :** place la moins convoitée de la table.
3. **Malaga :** vin doux d'Espagne.
4. **Bouteilles cachetées :** bouteilles fermées par un cachet de cire.
5. **Venaison :** gibier.
6. **Bénédicité :** prière catholique dite avant le repas, dont le premier mot, en latin, est *Benedicite* (« Bénissez »).
7. **Cure :** maison du curé.
8. **J'aime mieux [...] Rome :** parodie d'une phrase de Jules César, préférant être le premier dans un petit village plutôt que le second dans Rome, siège du pouvoir suprême.

Scène 3 *Un champ devant une petite maison.*

Entrent ROSETTE *et* PERDICAN.

PERDICAN. Puisque ta mère n'y est pas, viens faire un tour de promenade.

ROSETTE. Croyez-vous que cela me fasse du bien, tous ces baisers que vous me donnez ?

5 **PERDICAN.** Quel mal y trouves-tu ? Je t'embrasserais devant ta mère. N'es-tu pas la sœur de Camille ? Ne suis-je pas ton frère comme je suis le sien ?

ROSETTE. Des mots sont des mots, et des baisers sont des baisers. Je n'ai guère d'esprit, et je m'en aperçois bien sitôt
10 que je veux dire quelque chose. Les belles dames savent leur affaire[1], selon qu'on leur baise la main droite ou la main gauche ; leurs pères les embrassent sur le front, leurs frères sur la joue, leurs amoureux sur les lèvres ; moi, tout le monde m'embrasse sur les deux joues, et cela
15 me chagrine.

PERDICAN. Que tu es jolie, mon enfant !

ROSETTE. Il ne faut pas non plus vous fâcher pour cela. Comme vous paraissez triste ce matin ! Votre mariage est donc manqué ?

20 **PERDICAN.** Les paysans de ton village se souviennent de m'avoir aimé ; les chiens de la basse-cour et les arbres du bois s'en souviennent aussi ; mais Camille ne s'en souvient pas. Et toi, Rosette, à quand le mariage ?

ROSETTE. Ne parlons pas de cela, voulez-vous ? Parlons
25 du temps qu'il fait, de ces fleurs que voilà, de vos chevaux et de mes bonnets.

PERDICAN. De tout ce qui te plaira, de tout ce qui peut passer sur tes lèvres sans leur ôter ce sourire céleste que je respecte plus que ma vie. *(Il l'embrasse.)*

---

1. **Savent leur affaire :** savent bien faire la distinction.

ROSETTE. Vous respectez mon sourire, mais vous ne res- 30
pectez guère mes lèvres, à ce qu'il me semble. Regardez
donc, voilà une goutte de pluie qui me tombe sur la main,
et cependant le ciel est pur.

PERDICAN. Pardonne-moi.

ROSETTE. Que vous ai-je fait, pour que vous pleuriez ? 35
(Ils sortent.)

Clefs d'analyse

Acte II, scène 3

Compréhension

Une scène capitale pour l'action

- Imaginer ce qui a pu précéder immédiatement cette scène.
- Définir dans ce contexte « sœur de Camille » (l. 6).

Réflexion

▮ La deuxième rencontre entre Perdican et Rosette

- Comparer la troisième rencontre entre Camille et Perdican et cette rencontre sur le plan du contenu et de l'expression.
- Rassembler les éléments du portrait que Rosette fait d'elle-même et dégager son image dominante.
- Analyser la relation de Perdican à Rosette (amour ou amitié ?). S'appuyer sur son langage autant que sur ses gestes.

▮ La différence sociale

- Analyser les indices (registre, vocabulaire, style...) marquant les différences sociales entre les deux personnages.
- Comparer les conceptions du mariage de Perdican et de Rosette.

▮ Une blessure ouverte

- « Que vous ai-je fait, pour que vous pleuriez ? » : analyser le coup de théâtre que constitue cette scène. Préciser son registre d'expression.

À retenir :

La mise en scène influe largement sur la perception de la pièce par le spectateur. Elle passe par le choix d'un espace théâtral, des décors, des lumières, des couleurs, et éventuellement de la musique. Les acteurs, par leur jeu, leurs costumes, participent de la construction du sens. Ici, le choix d'un décor naturel influe largement sur la perception du dialogue, loin des convenances affichées dans le salon du Baron. Il amplifie aussi le pathétique et le lyrisme de la chute.

Scène 4
Au château.
Entrent MAÎTRE BLAZIUS
et LE BARON.

MAÎTRE BLAZIUS. Seigneur, j'ai une chose singulière à vous dire. Tout à l'heure, j'étais par hasard dans l'office, je veux dire dans la galerie[1] – qu'aurais-je été faire dans l'office ? – j'étais donc dans la galerie. J'avais trouvé par accident une bouteille, je veux dire une carafe d'eau – comment aurais-je trouvé une bouteille dans la galerie ? – J'étais donc en train de boire un coup de vin, je veux dire un verre d'eau, pour passer le temps, et je regardais par la fenêtre, entre deux vases de fleurs qui me paraissaient d'un goût moderne, bien qu'ils soient imités de l'étrusque[2]. 10

LE BARON. Quelle insupportable manière de parler vous avez adoptée, Blazius ! Vos discours sont inexplicables.

MAÎTRE BLAZIUS. Écoutez-moi, seigneur, prêtez-moi un moment d'attention. Je regardais donc par la fenêtre. – Ne vous impatientez pas, au nom du ciel ! il y va de l'hon- 15 neur de la famille.

LE BARON. De la famille ! Voilà qui est incompréhensible. De l'honneur de la famille, Blazius ! Savez-vous que nous sommes trente-sept mâles, et presque autant de femmes, tant à Paris qu'en province ? 20

MAÎTRE BLAZIUS. Permettez-moi de continuer. Tandis que je buvais un coup de vin, je veux dire un verre d'eau, pour hâter la digestion tardive, imaginez que j'ai vu passer sous la fenêtre dame Pluche hors d'haleine.

LE BARON. Pourquoi hors d'haleine, Blazius ? Ceci est 25 insolite.

MAÎTRE BLAZIUS. Et à côté d'elle, rouge de colère, votre nièce Camille.

---

1. **Galerie :** lieu de passage ménagé à l'intérieur du château.
2. **Étrusque :** de l'art étrusque.

LE BARON. Qui était rouge de colère, ma nièce, ou dame
30 Pluche ?

MAÎTRE BLAZIUS. Votre nièce, seigneur.

LE BARON. Ma nièce rouge de colère ! Cela est inouï ! Et
comment savez-vous que c'était de colère ? Elle pouvait
être rouge pour mille raisons ; elle avait sans doute pour-
35 suivi quelques papillons dans mon parterre.

MAÎTRE BLAZIUS. Je ne puis rien affirmer là-dessus ;
cela se peut ; mais elle s'écriait avec force : « Allez-y !
trouvez-le ! faites ce qu'on vous dit ! vous êtes une sotte !
je le veux ! » Et elle frappait avec son éventail sur le coude
40 de dame Pluche, qui faisait un soubresaut dans la luzerne
à chaque exclamation.

LE BARON. Dans la luzerne ?… Et que répondait la gouvernante aux extravagances de ma nièce ? car cette conduite
mérite d'être qualifiée ainsi.

45 **MAÎTRE BLAZIUS.** La gouvernante répondait : « Je ne
veux pas y aller ! Je ne l'ai pas trouvé ! Il fait la cour aux
filles du village, à des gardeuses de dindons. Je suis trop
vieille pour commencer à porter des messages d'amour ;
grâce à Dieu, j'ai vécu les mains pures jusqu'ici » – et tout
50 en parlant elle froissait dans ses mains un petit papier plié
en quatre.

LE BARON. Je n'y comprends rien ; mes idées
s'embrouillent tout à fait. Quelle raison pouvait avoir
dame Pluche pour froisser un papier plié en quatre en fai-
55 sant des soubresauts dans une luzerne ? Je ne puis ajouter
foi à de pareilles monstruosités.

MAÎTRE BLAZIUS. Ne comprenez-vous pas clairement,
seigneur, ce que cela signifiait ?

LE BARON. Non, en vérité, non, mon ami, je n'y com-
60 prends absolument rien. Tout cela me paraît une conduite
désordonnée, il est vrai, mais sans motif comme sans
excuse.

MAÎTRE BLAZIUS. Cela veut dire que votre nièce a une
correspondance secrète.

LE BARON. Que dites-vous ? Songez-vous de qui vous 65
parlez ? Pesez vos paroles, monsieur l'abbé.

MAÎTRE BLAZIUS. Je les pèserais dans la balance céleste
qui doit peser mon âme au jugement dernier, que je n'y
trouverais pas un mot qui sente la fausse monnaie. Votre
nièce a une correspondance secrète. 70

LE BARON. Mais songez donc, mon ami, que cela est
impossible !

MAÎTRE BLAZIUS. Pourquoi aurait-elle chargé sa gouvernante d'une lettre ? Pourquoi aurait-elle crié : *Trouvez-
le !* tandis que l'autre boudait et rechignait ? 75

LE BARON. Et à qui était adressée cette lettre ?

MAÎTRE BLAZIUS. Voilà précisément le *hic*, monseigneur, *hic jacet lepus*[1]. À qui était adressée cette lettre ? à
un homme qui fait la cour à une gardeuse de dindons. Or,
un homme qui recherche en public une gardeuse de din- 80
dons peut être soupçonné violemment d'être né pour les
garder lui-même. Cependant il est impossible que votre
nièce, avec l'éducation qu'elle a reçue, soit éprise d'un tel
homme ; voilà ce que je dis, et ce qui fait que je n'y comprends rien non plus que vous, révérence parler[2]. 85

LE BARON. Ô ciel ! ma nièce m'a déclaré ce matin même
qu'elle refusait son cousin Perdican. Aimerait-elle un gardeur de dindons ? Passons dans mon cabinet ; j'ai éprouvé
depuis hier des secousses si violentes que je ne puis rassembler mes idées. *(Ils sortent.)* 90

---

1. ***Hic jacet lepus*** : « ici gît le lièvre », c'est-à-dire « voilà où se trouve
   la difficulté ».
2. **Révérence parler :** sauf votre respect.

Scène 5 *Une fontaine dans un bois.*

Entre **PERDICAN,** *lisant un billet.* « *Trouvez-vous à midi à la petite fontaine.* » Que veut dire cela ? tant de froideur, un refus si positif[1], si cruel, un orgueil si insensible, et un rendez-vous par-dessus tout ? Si c'est pour me parler
5 d'affaires, pourquoi choisir un pareil endroit ? Est-ce une coquetterie[2] ? Ce matin, en me promenant avec Rosette, j'ai entendu remuer dans les broussailles, et il m'a semblé que c'était un pas de biche. Y a-t-il ici quelque intrigue ? *(Entre Camille.)*

10 **CAMILLE.** Bonjour, cousin ; j'ai cru m'apercevoir, à tort ou à raison, que vous me quittiez tristement ce matin. Vous m'avez pris la main malgré moi, je viens vous demander de me donner la vôtre. Je vous ai refusé un baiser, le voilà. *(Elle l'embrasse.)* Maintenant, vous m'avez dit que
15 vous seriez bien aise de causer de bonne amitié. Asseyez-vous là, et causons. *(Elle s'assoit.)*

PERDICAN. Avais-je fait un rêve, ou en fais-je un autre en ce moment ?

CAMILLE. Vous avez trouvé singulier de recevoir un
20 billet de moi, n'est-ce pas ? Je suis d'humeur changeante ; mais vous m'avez dit ce matin un mot très juste : « Puisque nous nous quittons, quittons-nous bons amis. » Vous ne savez pas la raison pour laquelle je pars, et je viens vous la dire : je vais prendre le voile.

25 **PERDICAN.** Est-ce possible ? Est-ce toi, Camille, que je vois dans cette fontaine, assise sur les marguerites, comme aux jours d'autrefois ?

CAMILLE. Oui, Perdican, c'est moi. Je viens revivre un quart d'heure de la vie passée. Je vous ai paru brusque et

---

1. **Positif :** manifeste.
2. **Coquetterie :** manœuvre de séduction.

hautaine ; cela est tout simple, j'ai renoncé au monde. 30
Cependant, avant de le quitter, je serais bien aise d'avoir
votre avis. Trouvez-vous que j'ai raison de me faire religieuse ?

PERDICAN. Ne m'interrogez pas là-dessus, car je ne me
ferai jamais moine. 35

CAMILLE. Depuis près de dix ans que nous avons vécu
éloignés l'un de l'autre, vous avez commencé l'expérience
de la vie. Je sais quel homme vous êtes, et vous devez
avoir beaucoup appris en peu de temps avec un cœur et
un esprit comme les vôtres. Dites-moi, avez-vous eu des 40
maîtresses[1] ?

PERDICAN. Pourquoi cela ?

CAMILLE. Répondez-moi, je vous en prie, sans modestie
et sans fatuité[2].

PERDICAN. J'en ai eu. 45

CAMILLE. Les avez-vous aimées ?

PERDICAN. De tout mon cœur.

CAMILLE. Où sont-elles maintenant ? Le savez-vous ?

PERDICAN. Voilà, en vérité, des questions singulières.
Que voulez-vous que je vous dise ? Je ne suis ni leur mari 50
ni leur frère ; elles sont allées où bon leur a semblé.

CAMILLE. Il doit nécessairement y en avoir une que vous
ayez préférée aux autres. Combien de temps avez-vous
aimé celle que vous avez aimée le mieux ?

PERDICAN. Tu es une drôle de fille ! veux-tu te faire mon 55
confesseur ?

CAMILLE. C'est une grâce que je vous demande de me
répondre sincèrement. Vous n'êtes point un libertin[3], et je
crois que votre cœur a de la probité. Vous avez dû inspirer

---

1. **Maîtresses** : compagnes non officielles d'un homme (par opposition
à l'« épouse »).
2. **Fatuité** : autosatisfaction.
3. **Libertin** : homme libre de mœurs.

60 l'amour, car vous le méritez, et vous ne vous seriez pas
livré à un caprice. Répondez-moi, je vous en prie.

PERDICAN. Ma foi, je ne m'en souviens pas.

CAMILLE. Connaissez-vous un homme qui n'ait aimé
qu'une femme ?

65 **PERDICAN.** Il y en a certainement.

CAMILLE. Est-ce un de vos amis ? Dites-moi son nom.

PERDICAN. Je n'ai pas de nom à vous dire ; mais je crois
qu'il y a des hommes capables de n'aimer qu'une fois.

CAMILLE. Combien de fois un honnête homme peut-il
70 aimer ?

PERDICAN. Veux-tu me faire réciter une litanie [1] ; ou
récites-tu toi-même un catéchisme [2] ?

CAMILLE. Je voudrais m'instruire, et savoir si j'ai tort ou
raison de me faire religieuse. Si je vous épousais, ne
75 devriez-vous pas répondre avec franchise à toutes mes
questions, et me montrer votre cœur à nu ? Je vous
estime beaucoup, et je vous crois, par votre éducation et
par votre nature, supérieur à beaucoup d'autres hommes.
Je suis fâchée que vous ne vous souveniez plus de ce que
80 je vous demande ; peut-être en vous connaissant mieux je
m'enhardirais.

PERDICAN. Où veux-tu en venir ? parle ; je répondrai.

CAMILLE. Répondez donc à ma première question. Ai-je
raison de rester au couvent ?

85 **PERDICAN.** Non.

CAMILLE. Je ferais donc mieux de vous épouser ?

PERDICAN. Oui.

CAMILLE. Si le curé de votre paroisse soufflait sur un
verre d'eau, et vous disait que c'est un verre de vin, le
90 boiriez-vous comme tel ?

---

1. **Litanie** : répétition ennuyeuse.
2. **Catéchisme** : livre contenant les éléments de l'instruction religieuse.

PERDICAN. Non.

CAMILLE. Si le curé de votre paroisse soufflait sur vous, et me disait que vous m'aimerez toute votre vie, aurais-je raison de le croire ?

PERDICAN. Oui et non.   95

CAMILLE. Que me conseilleriez-vous de faire le jour où je verrais que vous ne m'aimez plus ?

PERDICAN. De prendre un amant.

CAMILLE. Que ferai-je ensuite le jour où mon amant ne m'aimera plus ?   100

PERDICAN. Tu en prendras un autre.

CAMILLE. Combien de temps cela durera-t-il ?

PERDICAN. Jusqu'à ce que tes cheveux soient gris, et alors les miens seront blancs.

CAMILLE. Savez-vous ce que c'est que les cloîtres, Perdi-   105
can ? Vous êtes-vous jamais assis un jour entier sur le banc d'un monastère de femmes ?

PERDICAN. Oui, je m'y suis assis.

CAMILLE. J'ai pour amie une sœur qui n'a que trente ans, et qui a eu cinq cent mille livres de revenu à l'âge de   110
quinze ans. C'est la plus belle et la plus noble créature qui ait marché sur terre. Elle était pairesse du parlement[1] et avait pour mari un des hommes les plus distingués de France. Aucune des nobles facultés humaines n'était restée sans culture en elle, et, comme un arbrisseau d'une sève   115
choisie, tous ses bourgeons avaient donné des ramures. Jamais l'amour et le bonheur ne poseront leur couronne fleurie sur un front plus beau ; son mari l'a trompée ; elle a aimé un autre homme, et elle se meurt de désespoir.

PERDICAN. Cela est possible.   120

---

1. **Pairesse du parlement :** femme d'un pair, c'est-à-dire d'un membre d'une des deux chambres constituant le Parlement (nommée Chambre des pairs ou Chambre haute).

CAMILLE. Nous habitons la même cellule, et j'ai passé des nuits entières à parler de ses malheurs ; ils sont presque devenus les miens ; cela est singulier, n'est-ce pas ? Je ne sais trop comment cela se fait. Quand elle me parlait de
125 son mariage, quand elle me peignait d'abord l'ivresse des premiers jours, puis la tranquillité des autres, et comme enfin tout s'était envolé ; comme elle était assise le soir au coin du feu, et lui auprès de la fenêtre, sans se dire un seul mot ; comme leur amour avait langui, et comme tous
130 les efforts pour se rapprocher n'aboutissaient qu'à des querelles ; comme une figure étrangère est venue peu à peu se placer entre eux et se glisser dans leurs souffrances ; c'était moi que je voyais agir tandis qu'elle parlait. Quand elle disait : « Là, j'ai été heureuse », mon cœur bondissait ;
135 et quand elle ajoutait : « Là, j'ai pleuré », mes larmes coulaient. Mais figurez-vous quelque chose de plus singulier encore ; j'avais fini par me créer une vie imaginaire ; cela a duré quatre ans ; il est inutile de vous dire par combien de réflexions, de retours sur moi-même, tout cela est
140 venu. Ce que je voudrais vous raconter comme une curiosité, c'est que tous les récits de Louise, toutes les fictions[1] de mes rêves portaient votre ressemblance.

PERDICAN. Ma ressemblance, à moi ?

CAMILLE. Oui, et cela est naturel : vous étiez le seul
145 homme que j'eusse connu. En vérité, je vous ai aimé, Perdican.

PERDICAN. Quel âge as-tu, Camille ?

CAMILLE. Dix-huit ans.

PERDICAN. Continue, continue ; j'écoute.

150 **CAMILLE.** Il y a deux cents femmes dans notre couvent ; un petit nombre de ces femmes ne connaîtra jamais la vie ; et tout le reste attend la mort. Plus d'une parmi elles sont sorties du monastère comme j'en sors aujourd'hui, vierges et pleines d'espérances. Elles sont revenues peu de

---

1. **Fictions :** imaginations.

temps après, vieilles et désolées. Tous les jours il en meurt 155
dans nos dortoirs, et tous les jours il en vient de nouvelles
prendre la place des mortes sur les matelas de crin. Les
étrangers qui nous visitent admirent le calme et l'ordre de
la maison ; ils regardent attentivement la blancheur de
nos voiles, mais ils se demandent pourquoi nous les 160
rabaissons sur nos yeux. Que pensez-vous de ces femmes,
Perdican ? Ont-elles tort, ou ont-elles raison ?

PERDICAN. Je n'en sais rien.

CAMILLE. Il s'en est trouvé quelques-unes qui me
conseillent de rester vierge. Je suis bien aise de vous 165
consulter. Croyez-vous que ces femmes-là auraient mieux
fait de prendre un amant et de me conseiller d'en faire
autant ?

PERDICAN. Je n'en sais rien.

CAMILLE. Vous aviez promis de me répondre. 170

PERDICAN. J'en suis dispensé tout naturellement ; je ne
crois pas que ce soit toi qui parles.

CAMILLE. Cela se peut, il doit y avoir dans toutes mes
idées des choses très ridicules. Il se peut bien qu'on m'ait
fait la leçon, et que je ne sois qu'un perroquet malappris. 175
Il y a dans la galerie un petit tableau qui représente un
moine courbé sur un missel[1] ; à travers les barreaux obs-
curs de sa cellule glisse un faible rayon de soleil, et on
aperçoit une locanda[2] italienne, devant laquelle danse un
chevrier. Lequel de ces deux hommes estimez-vous 180
davantage ?

PERDICAN. Ni l'un ni l'autre et tous les deux. Ce sont
deux hommes de chair et d'os ; il y en a un qui lit et un
autre qui danse ; je n'y vois pas autre chose. Tu as raison
de te faire religieuse. 185

CAMILLE. Vous me disiez non tout à l'heure.

---

1. **Missel :** livre de prières catholiques.
2. **Locanda :** mot italien signifiant « auberge ».

PERDICAN. Ai-je dit non ? cela est possible.

CAMILLE. Ainsi vous me le conseillez ?

PERDICAN. Ainsi tu ne crois à rien ?

190 **CAMILLE.** Lève la tête, Perdican ! quel est l'homme qui ne croit à rien ?

PERDICAN, *se levant.* En voilà un ; je ne crois pas à la vie immortelle. – Ma sœur chérie, les religieuses t'ont donné leur expérience ; mais, crois-moi, ce n'est pas la tienne ; tu 195 ne mourras pas sans aimer.

CAMILLE. Je veux aimer, mais je ne veux pas souffrir ; je veux aimer d'un amour éternel, et faire des serments qui ne se violent pas. Voilà mon amant. *(Elle montre son crucifix.)*

PERDICAN. Cet amant-là n'exclut pas les autres.

200 **CAMILLE.** Pour moi, du moins, il les exclura. Ne souriez pas, Perdican ! Il y a dix ans que je ne vous ai vu, et je pars demain. Dans dix autres années, si nous nous revoyons, nous en reparlerons. J'ai voulu ne pas rester dans votre souvenir comme une froide statue, car 205 l'insensibilité mène au point où j'en suis. Écoutez-moi ; retournez à la vie, et tant que vous serez heureux, tant que vous aimerez comme on peut aimer sur la terre, oubliez votre sœur Camille ; mais s'il vous arrive jamais d'être oublié ou d'oublier vous-même, si l'ange de 210 l'espérance vous abandonne, lorsque vous serez seul avec le vide dans le cœur, pensez à moi qui prierai pour vous.

PERDICAN. Tu es une orgueilleuse ; prends garde à toi.

CAMILLE. Pourquoi ?

215 **PERDICAN.** Tu as dix-huit ans, et tu ne crois pas à l'amour ?

CAMILLE. Y croyez-vous, vous qui parlez ? Vous voilà courbé près de moi avec des genoux qui se sont usés sur les tapis de vos maîtresses, et vous n'en savez plus le nom. Vous avez pleuré des larmes de joie et des larmes de 220 désespoir ; mais vous saviez que l'eau des sources est plus constante que vos larmes, et qu'elle serait toujours là pour laver vos paupières gonflées. Vous faites votre métier de jeune homme, et vous souriez quand on vous parle de femmes désolées ; vous ne croyez pas qu'on puisse mourir d'amour, vous qui vivez et qui avez aimé. Qu'est-ce donc que le monde[1] ? Il me semble que vous devez cordialement mépriser les femmes qui vous prennent tel que vous êtes, et qui chassent leur dernier amant pour vous attirer dans leurs bras avec les baisers d'un autre sur les lèvres. Je vous demandais tout à l'heure si vous aviez aimé ; vous m'avez répondu comme un voyageur à qui l'on demanderait s'il a été en Italie ou en Allemagne, et qui dirait : Oui, j'y ai été ; puis qui penserait à aller en Suisse, ou dans le premier pays venu. Est-ce donc une monnaie que votre amour, pour qu'il puisse passer ainsi de mains en mains jusqu'à la mort ? Non, ce n'est pas même une monnaie, car la plus mince pièce d'or vaut mieux que vous, et, dans quelques mains qu'elle passe, elle garde son effigie.

PERDICAN. Que tu es belle, Camille, lorsque. tes yeux s'animent !

CAMILLE. Oui, je suis belle, je le sais. Les complimenteurs ne m'apprendront rien ; la froide nonne qui coupera mes cheveux[2] pâlira peut-être de sa mutilation ; mais ils ne se changeront pas en bagues et en chaînes[3] pour courir les boudoirs[4] ; il n'en manquera pas un seul sur ma tête lorsque le fer y passera ; je ne veux qu'un coup de ciseau, et quand le prêtre qui me bénira me mettra au doigt l'anneau d'or[5] de mon époux céleste, la mèche de cheveux que je lui donnerai pourra lui servir de manteau.

PERDICAN. Tu es en colère, en vérité.

225

230

235

240

245

250

---

1. **Monde :** la vie profane, opposée à la vie monastique.
2. **Coupera mes cheveux :** rite selon lequel une future religieuse commence par se faire couper les cheveux très court en signe d'humilité.
3. **En bagues et en chaînes :** on donnait à son amant une boucle de ses cheveux qu'il pouvait mettre dans un médaillon ou garder en tresse.
4. **Boudoir :** petit salon féminin.
5. **L'anneau d'or :** symbole que la religieuse porte au doigt pour montrer qu'elle est mariée à Dieu.

CAMILLE. J'ai eu tort de parler ; j'ai ma vie entière sur les lèvres. Ô Perdican ! ne raillez pas, tout cela est triste à mourir.

PERDICAN. Pauvre enfant, je te laisse dire, et j'ai bien envie de te répondre un mot. Tu me parles d'une reli-
255 gieuse qui me paraît avoir eu sur toi une influence funeste ; tu dis qu'elle a été trompée, qu'elle a trompé elle-même, et qu'elle est désespérée. Es-tu sûre que si son mari ou son amant revenait lui tendre la main à travers la grille du parloir, elle ne lui tendrait pas la sienne ?

260 **CAMILLE.** Qu'est-ce que vous dites ? J'ai mal entendu.

PERDICAN. Es-tu sûre que si son mari ou son amant revenait lui dire de souffrir encore, elle répondrait non ?

CAMILLE. Je le crois.

PERDICAN. Il y a deux cents femmes dans ton monastère,
265 et la plupart ont au fond du cœur des blessures profondes ; elles te les ont fait toucher ; et elles ont coloré ta pensée virginale des gouttes de leur sang. Elles ont vécu, n'est-ce pas ? et elles t'ont montré avec horreur la route de leur vie ; tu t'es signée¹ devant leurs cicatrices, comme devant
270 les plaies de Jésus ; elles t'ont fait une place dans leurs processions lugubres, et tu te serres contre ces corps décharnés avec une crainte religieuse lorsque tu vois passer un homme. Es-tu sûre que si l'homme qui passe était celui qui les a trompées, celui pour qui elles pleurent
275 et elles souffrent, celui qu'elles maudissent en priant Dieu, es-tu sûre qu'en le voyant elles ne briseraient pas leurs chaînes pour courir à leurs malheurs passés, et pour presser leurs poitrines sanglantes sur le poignard qui les a meurtries ? Ô mon enfant ! sais-tu les rêves de ces femmes
280 qui te disent de ne pas rêver ? Sais-tu quel nom elles murmurent quand les sanglots qui sortent de leurs lèvres font trembler l'hostie qu'on leur présente ? Elles qui s'assoient près de toi avec leurs têtes branlantes pour verser dans ton oreille leur vieillesse flétrie, elles qui sonnent dans les

---

1. **Tu t'es signée :** tu as fait le signe de croix.

ruines de ta jeunesse le tocsin[1] de leur désespoir, et qui 285
font sentir à ton sang vermeil la fraîcheur de leur tombe,
sais-tu qui elles sont ?

CAMILLE. Vous me faites peur ; la colère vous prend aussi.

PERDICAN. Sais-tu ce que c'est que des nonnes, malheureuse fille ? Elles qui te représentent l'amour des hommes 290
comme un mensonge, savent-elles qu'il y a pis encore, le
mensonge de l'amour divin ? Savent-elles que c'est un
crime qu'elles font, de venir chuchoter à une vierge des
paroles de femme ? Ah ! comme elles t'ont fait la leçon !
Comme j'avais prévu tout cela quand tu t'es arrêtée 295
devant le portrait de notre vieille tante ! Tu voulais partir
sans me serrer la main ; tu ne voulais revoir ni ce bois, ni
cette pauvre petite fontaine qui nous regarde tout en
larmes ; tu reniais les jours de ton enfance, et le masque
de plâtre[2] que les nonnes t'ont placé sur les joues me 300
refusait un baiser de frère ; mais ton cœur a battu ; il a
oublié sa leçon, lui qui ne sait pas lire, et tu es revenue
t'asseoir sur l'herbe où nous voilà. Eh bien ! Camille, ces
femmes ont bien parlé ; elles t'ont mise dans le vrai chemin ;
il pourra m'en coûter le bonheur de ma vie ; mais dis-leur 305
cela de ma part : le ciel n'est pas pour elles.

CAMILLE. Ni pour moi, n'est-ce pas ?

PERDICAN. Adieu Camille, retourne à ton couvent, et
lorsqu'on te fera de ces récits hideux qui t'ont empoisonnée,
réponds ce que je vais te dire : Tous les hommes sont 310
menteurs, inconstants, faux, bavards, hypocrites, orgueilleux
ou lâches, méprisables et sensuels ; toutes les femmes sont
perfides, artificieuses[3], vaniteuses, curieuses et dépravées ;
le monde n'est qu'un égout sans fond où les phoques les
plus informes rampent et se tordent sur des montagnes 315

---

1. **Tocsin :** sonnerie de cloche annonçant un malheur.
2. **Le masque de plâtre :** le masque qui te permet de dissimuler tes
émotions.
3. **Artificieuses :** hypocrites.

de fange[1] ; mais il y a au monde une chose sainte et sublime, c'est l'union de deux de ces êtres si imparfaits et si affreux. On est souvent trompé en amour, souvent blessé et souvent malheureux ; mais on aime, et quand on est sur le bord de sa tombe, on se retourne pour regarder en arrière, et on se dit : J'ai souffert souvent, je me suis trompé quelquefois, mais j'ai aimé. C'est moi qui ai vécu, et non pas un être factice créé par mon orgueil et mon ennui. *(Il sort.)*

---

1. **Fange :** boue.

Clefs d'analyse

Acte II, scène 5

Compréhension

Une rencontre provoquée

- Rappeler le facteur déclenchant de cette quatrième rencontre entre Camille et Perdican.
- Préciser les attentes du spectateur à l'entrée de la scène.

Réflexion

Un décor naturel

- Analyser le contenu symbolique du décor retenu pour cette scène importante.

Les explications et les questions de Camille

- Analyser la façon dont Camille dévoile son secret à Perdican.
- Interpréter l'expression : « Je suis d'humeur changeante » (l. 20).
- Analyser la présentation que Camille fait de Louise (métaphores, angles du portrait, etc.) et évaluer l'impact de l'expérience de la religieuse sur ses choix.

La contre-offensive de Perdican

- Analyser les différentes formes argumentatives de la tirade conclusive (énonciation, composition, métaphores, etc.).
- Analyser les moyens utilisés par Musset pour retourner la scène en faveur de Perdican.

À retenir :

La métaphore, figure courante de la poésie, est au cœur de la dramaturgie de Musset. L'évolution des pensées et des idées des personnages se lit au travers de leurs métaphores : pour Camille, « tous ses bourgeons avaient donné des ramures » (l. 116), « l'ivresse des premiers jours » (l. 125), l'image du moine et du chevrier (l. 177-180), etc. ; pour Perdican, « elles ont coloré ta pensée virginale des gouttes de leur sang » (l. 266-267), « elles ne briseraient pas leurs chaînes » (l. 276-277).

Synthèse Acte II

L'acte des oppositions franches

Personnages

*Des personnages qui se découvrent
enfin dans leurs différences*

Le premier acte nous avait entraînés vers l'idée d'un projet de mariage avorté, bien que désiré par les familles de Perdican et de Camille. Il avait mis sur scène des fantoches d'une part, des jeunes premiers d'autre part. L'action semblait bloquée puisque la raison du rendez-vous au château s'était évanouie.

Le deuxième acte aurait pu s'enliser dans une redite du premier. Certes, les fantoches – Blazius, Bridaine, Pluche, le Baron – ne bougent pas, dévoilant toujours plus leurs limites mais permettant à l'action d'alterner des registres bouffons et sérieux (lyrique ou pathétique essentiellement). Musset les cantonne au château alors qu'il va provoquer les rencontres des jeunes premiers dans la nature, lieu symbolique où l'on parle vrai.

En effet, les jeunes premiers vont surprendre dans ces décors bucoliques. Alors que Camille continue, un temps, à refuser tout contact physique avec son cousin (II, 1), que ce dernier traîne sa tristesse – il pleure même – auprès de Rosette, profitant de sa connivence ancienne avec la jeune fille, un coup de théâtre se produit : le billet que Camille demande qu'on remette à Perdican.

Ce faisant, elle inverse la tendance, provoquant un rendez-vous alors même qu'elle semblait réticente à un simple échange de paroles. C'est à cette occasion surprenante qu'elle s'ouvre à Perdican de son projet de retourner au couvent, qu'elle lui fait l'éloge de l'amour divin, imitant en cela sa meilleure amie, Louise.

Perdican, devant le fossé qui le sépare à l'évidence d'une femme qu'il aurait volontiers épousée pour suivre les convenances de son temps, oppose une profession de foi romantique où, face à l'amour divin, il glorifie l'amour humain, difficile mais ô combien exaltant. L'acte se clôt sur ce choix, renversant les pouvoirs, Perdican étant à présent celui qui dit non à sa cousine, et qui la renvoie à ses nonnes. Les jeunes premiers ne sont certainement pas faits l'un pour l'autre.

Langage

▌ L'argumentation, reine de l'acte

Trois rencontres entre les jeunes gens scandent l'acte : deux concernent Perdican et Camille, une Perdican et Rosette. On remarquera au passage que le rôle de Perdican s'impose. Si Musset continue à aérer l'atmosphère de sa pièce par quelques diversions gloutonnes de Bridaine ou quelques sottises proférées par le Baron, l'essentiel n'est plus là. Le langage va se resserrer. Au cœur même d'un badinage innocent entre Perdican et Rosette (II, 3), le pathétique surgit avec la larme du triste Perdican. On a pu dire que Rosette était amoureuse de Perdican ; rien ne l'atteste cependant ici, Rosette – réticente à l'idée du mariage – apparaissant plutôt comme une oreille complaisante pour le jeune homme que comme une possible amoureuse. Le jeu se passe entre les deux nobles. L'argumentation prend alors le dessus : pathétique, lyrique, cruelle en tout cas, elle occupe la scène majeure d'*On ne badine pas avec l'amour*, concluant un acte où les situations se sont retournées sans que l'on puisse savoir où va la dramaturgie. Place alors aux champs lexicaux de la vie monastique et de l'amour humain, de la souffrance, de la mort et de la destinée.

Société

▌ Liberté laïque ou réclusion religieuse ?

La pièce tourne alors à un plaidoyer difficile pour un choix de vie : les hommes ou Dieu. Sans être anticlérical, Musset en profite pour faire le procès de l'éducation infligée aux jeunes filles de bonne famille à son époque (sans doute sous l'influence des récits que George Sand lui en a faits (voir p. 124-126). Il brosse un double tableau des couvents cloîtrés : un paradis préservé où règnent le calme et la propreté pour Camille, un lieu de ténèbres où se flétrissent les femmes refoulées selon Perdican. Celui-ci ayant le dernier mot, on peut en déduire l'opinion personnelle de Musset, et la provocation que constituent ses dialogues pour le clergé. Plus largement, on découvre là un Musset soucieux de faire triompher les droits de l'homme contre tous les fanatismes et tous les obscurantismes, une position héritée des Lumières du XVIIIᵉ siècle, dont il admirait les idéaux.

ACTE III

Scène 1
Devant le château.
Entrent LE BARON
et MAÎTRE BLAZIUS.

LE BARON. Indépendamment de votre ivrognerie, vous êtes un bélître[1], maître Blazius. Mes valets vous voient entrer furtivement dans l'office, et quand vous êtes convaincu d'avoir volé mes bouteilles de la manière la plus pitoyable, vous croyez vous justifier en accusant ma nièce d'une correspondance secrète.

MAÎTRE BLAZIUS. Mais, monseigneur, veuillez vous rappeler…

LE BARON. Sortez, monsieur l'abbé, et ne reparaissez jamais devant moi ; il est déraisonnable d'agir comme vous le faites, et ma gravité m'oblige à ne vous pardonner de ma vie. *(Il sort ; maître Blazius le suit. Entre Perdican.)*

PERDICAN. Je voudrais bien savoir si je suis amoureux. D'un côté, cette manière d'interroger tant soit peu cavalière pour une fille de dix-huit ans ; d'un autre, les idées que ces nonnes lui ont fourrées dans la tête auront de la peine à se corriger. De plus, elle doit partir aujourd'hui. Diable ! je l'aime, cela est sûr. Après tout, qui sait ? peut-être elle répétait une leçon, et d'ailleurs il est clair qu'elle ne se soucie pas de moi. D'une autre part, elle a beau être jolie, cela n'empêche pas qu'elle n'ait des manières beaucoup trop décidées, et un ton trop brusque. Je n'ai qu'à n'y plus penser ; il est clair que je ne l'aime pas. Cela est certain qu'elle est jolie ; mais pourquoi cette conversation d'hier ne veut-elle pas me sortir de la tête ? En vérité, j'ai passé la nuit à radoter. – Où vais-je donc ? – Ah ! je vais au village. *(Il sort.)*

---

1. **Bélître** : ignorant.

Scène 2 *Un chemin.*

Entre **MAÎTRE BRIDAINE.** Que font-ils maintenant ? Hélas ! voilà midi. – Ils sont à table. Que mangent-ils ? que ne mangent-ils pas ? J'ai vu la cuisinière traverser le village avec un énorme dindon. L'aide portait les truffes, 5 avec un panier de raisins. *(Entre maître Blazius.)*

MAÎTRE BLAZIUS. Ô disgrâce imprévue ! me voilà chassé du château, par conséquent de la salle à manger. Je ne boirai plus le vin de l'office.

MAÎTRE BRIDAINE. Je ne verrai plus fumer les plats ; je 10 ne chaufferai plus au feu de la noble cheminée mon ventre copieux.

MAÎTRE BLAZIUS. Pourquoi une fatale curiosité m'a-t-elle poussé à écouter le dialogue de dame Pluche et de sa nièce ? Pourquoi ai-je rapporté au baron tout ce que j'ai 15 vu ?

MAÎTRE BRIDAINE. Pourquoi un vain orgueil m'a-t-il éloigné de ce dîner honorable, où j'étais si bien accueilli ? Que m'importait d'être à droite ou à gauche ?

MAÎTRE BLAZIUS. Hélas ! j'étais gris, il faut en convenir, 20 lorsque j'ai fait cette folie.

MAÎTRE BRIDAINE. Hélas ! le vin m'avait monté à la tête quand j'ai commis cette imprudence.

MAÎTRE BLAZIUS. Il me semble que voilà le curé.

MAÎTRE BRIDAINE. C'est le gouverneur en personne.

25 **MAÎTRE BLAZIUS.** Oh ! oh ! monsieur le curé, que faites-vous là ?

MAÎTRE BRIDAINE. Moi ! je vais dîner. N'y venez-vous pas ?

MAÎTRE BLAZIUS. Pas aujourd'hui. Hélas ! maître Bri-30 daine, intercédez pour moi ; le baron m'a chassé. J'ai accusé faussement Mlle Camille d'avoir une correspondance secrète, et cependant Dieu m'est témoin que j'ai vu ou que j'ai cru voir dame Pluche dans la luzerne. Je suis perdu, monsieur le curé.

Maître Bridaine. Que m'apprenez-vous là ? 35

Maître Blazius. Hélas ! hélas ! la vérité. Je suis en disgrâce complète pour avoir volé une bouteille.

Maître Bridaine. Que parlez-vous, messire, de bouteilles volées à propos d'une luzerne et d'une correspondance ?

Maître Blazius. Je vous supplie de plaider ma cause. 40 Je suis honnête, seigneur Bridaine. Ô digne seigneur Bridaine, je suis votre serviteur !

Maître Bridaine, *à part.* Ô fortune ! est-ce un rêve ? je serai donc assis sur toi, ô chaise bienheureuse !

Maître Blazius. Je vous serai reconnaissant d'écouter 45 mon histoire, et de vouloir bien m'excuser, brave seigneur, cher curé.

Maître Bridaine. Cela m'est impossible, monsieur ; il est midi sonné, et je m'en vais dîner. Si le baron se plaint de vous, c'est votre affaire. Je n'intercède point pour un 50 ivrogne. *(À part.)* Vite, volons à la grille ; et toi, mon ventre, arrondis-toi. *(Il sort en courant.)*

Maître Blazius, *seul.* Misérable Pluche ! c'est toi qui payeras pour tous ; oui, c'est toi qui es la cause de ma ruine, femme déhontée[1], vile entremetteuse[2], c'est à toi 55 que je dois cette disgrâce. Ô sainte Université de Paris ! on me traite d'ivrogne ! Je suis perdu si je ne saisis une lettre, et si je ne prouve au baron que sa nièce a une correspondance. Je l'ai vue ce matin écrire à son bureau. Patience ! voici du nouveau. *(Passe dame Pluche portant une lettre.)* 60 Pluche, donnez-moi cette lettre.

Dame Pluche. Que signifie cela ? C'est une lettre de ma maîtresse que je vais mettre à la poste au village.

---

1. **Déhontée :** effrontée.
2. **Entremetteuse :** femme qui monnaye ses services d'intermédiaire.

MAÎTRE BLAZIUS. Donnez-la-moi, ou vous êtes morte.

65 **DAME PLUCHE.** Moi, morte ! morte ! Marie, Jésus, vierge et martyr !

MAÎTRE BLAZIUS. Oui, morte, Pluche ! Donnez-moi ce papier. *(Ils se battent. Entre Perdican.)*

PERDICAN. Qu'y a-t-il ? Que faites-vous Blazius ? Pour-
70 quoi violenter cette femme ?

DAME PLUCHE. Rendez-moi la lettre. Il me l'a prise, seigneur ; justice !

MAÎTRE BLAZIUS. C'est une entremetteuse, seigneur. Cette lettre est un billet doux.

75 **DAME PLUCHE.** C'est une lettre de Camille, seigneur, de votre fiancée.

MAÎTRE BLAZIUS. C'est un billet doux à un gardeur de dindons.

DAME PLUCHE. Tu en as menti, abbé. Apprends cela de moi.

80 **PERDICAN.** Donnez-moi cette lettre ; je ne comprends rien à votre dispute ; mais en qualité de fiancé de Camille, je m'arroge le droit de la lire. *(Il lit.)*

*« À la sœur Louise, au couvent de ***. »* *(À part.)* Quelle maudite curiosité me saisit malgré moi ! Mon cœur bat
85 avec force, et je ne sais ce que j'éprouve. – Retirez-vous, dame Pluche ; vous êtes une digne femme, et maître Blazius est un sot. Allez dîner ; je me charge de remettre cette lettre à la poste. *(Sortent maître Blazius et dame Pluche.)*

PERDICAN, *seul.* Que ce soit un crime d'ouvrir une lettre,
90 je le sais trop bien pour le faire. Que peut dire Camille à cette sœur ? Suis-je donc amoureux ? Quel empire a donc pris sur moi cette singulière fille, pour que les trois mots écrits sur cette adresse me fassent trembler la main ? Cela est singulier ; Blazius, en se débattant avec dame Pluche,
95 a fait sauter le cachet. Est-ce un crime de rompre le pli[1] ? Bon, je n'y changerai rien. *(Il ouvre la lettre et lit.)*

---

1. **Rompre le pli :** déplier une lettre fermée par un cachet de cire.

« *Je pars aujourd'hui, ma chère, et tout est arrivé comme je l'avais prévu. C'est une terrible chose ; mais ce pauvre jeune homme a le poignard dans le cœur ; il ne se consolera pas de m'avoir perdue. Cependant j'ai fait tout au monde pour* 100 *le dégoûter de moi. Dieu me pardonnera de l'avoir réduit au désespoir par mon refus. Hélas ! ma chère, que pouvais-je y faire ? Priez pour moi ; nous nous reverrons demain et pour toujours. Toute à vous du meilleur de mon âme.*

CAMILLE. »

Est-il possible ? Camille écrit cela ! C'est de moi qu'elle 105 parle ainsi ! Moi au désespoir de son refus ! Eh ! bon Dieu ! si cela était vrai, on le verrait bien ; quelle honte peut-il y avoir à aimer ? Elle a fait tout au monde pour me dégoûter, dit-elle, et j'ai le poignard dans le cœur ! Quel intérêt peut-elle avoir à inventer un roman pareil ? Cette 110 pensée que j'avais cette nuit est-elle donc vraie ? Ô femmes ! cette pauvre Camille a peut-être une grande piété ! c'est de bon cœur qu'elle se donne à Dieu, mais elle a résolu et décrété qu'elle me laisserait au désespoir. Cela était convenu entre les bonnes amies avant de partir du 115 couvent. On a décidé que Camille allait revoir son cousin, qu'on le lui voudrait faire épouser, qu'elle refuserait, et que le cousin serait désolé. Cela est si intéressant, une jeune fille qui fait à Dieu le sacrifice du bonheur d'un cousin ! Non, non, Camille, je ne t'aime pas, je ne suis pas 120 au désespoir, je n'ai pas le poignard dans le cœur, et je te le prouverai. Oui, tu sauras que j'en aime une autre avant de partir d'ici. Holà ! brave homme ! *(Entre un paysan.)* Allez au château ; dites à la cuisine qu'on envoie un valet 125 porter à Mlle Camille le billet que voici. *(Il écrit.)*

LE PAYSAN. Oui, monseigneur. *(Il sort.)*

PERDICAN. Maintenant, à l'autre. Ah ! je suis au désespoir ! Holà ! Rosette, Rosette ! *(Il frappe à une porte.)*

ROSETTE, *ouvrant.* C'est vous, monseigneur ! Entrez, ma 130 mère y est.

PERDICAN. Mets ton plus beau bonnet, Rosette, et viens avec moi.

ROSETTE. Où donc ?

135 **PERDICAN.** Je te le dirai ; demande la permission à ta mère, mais dépêche-toi.

ROSETTE. Oui, monseigneur. *(Elle rentre dans la maison.)*

PERDICAN. J'ai demandé un nouveau rendez-vous à Camille, et je suis sûr qu'elle y viendra ; mais, par le ciel,
140 elle n'y trouvera pas ce qu'elle compte y trouver. Je veux faire la cour à Rosette devant Camille elle-même.

Gravure de Lalauze pour l'édition
de *On ne badine pas avec l'amour*, 1893.

Clefs d'analyse

Acte III, scène 2

Compréhension

Une scène très mouvementée

- Préciser la situation de la scène (lieu, état de l'action) et sa liaison avec la scène précédente.
- Isoler les différents tableaux et préciser leur enchaînement.

Réflexion

Une rivalité entre fantoches (l. 1-88)

- Dégager les effets d'écho entre les discours de Bridaine et Blazius.
- Analyser les éléments du comique de caractère puis de situation.

Une terrible découverte (l. 89-126)

- Préciser la fonction du monologue dans la dramaturgie de cette scène.
- Analyser l'expression de la lettre de Camille à Louise (champ lexical, registre).
- Préciser le rôle que se donne Camille.
- Analyser les réactions de Perdican (marques de son émotion, argumentation, décisions).

L'annonce du dénouement (l. 128-140)

- Commenter la phrase : « Maintenant, à l'autre » (l. 128).
- Commenter le rôle que Perdican assigne à Rosette à son insu.

À retenir :

*Le monologue est un faux dialogue qui permet au personnage,
seul sur scène, de se parler à lui-même, d'interpeller un absent
mais aussi de faire connaître au spectateur ses sentiments intimes.
C'est en fait une adresse déguisée au public, selon le principe
de la double énonciation et de la double destination du texte
théâtral.*

Scène 3
Le petit bois.
Entrent CAMILLE
et LE PAYSAN.

LE PAYSAN. Mademoiselle, je vais au château porter une lettre pour vous ; faut-il que je vous la donne ou que je la remette à la cuisine, comme me l'a dit le seigneur Perdican ?

CAMILLE. Donne-la-moi.

5 **LE PAYSAN.** Si vous aimez mieux que je la porte au château, ce n'est pas la peine de m'attarder.

CAMILLE. Je te dis de me la donner.

LE PAYSAN. Ce qui vous plaira. *(Il donne la lettre.)*

CAMILLE. Tiens, voilà pour ta peine.

10 **LE PAYSAN.** Grand merci ; je m'en vais, n'est-ce pas ?

CAMILLE. Si tu veux.

LE PAYSAN. Je m'en vais, je m'en vais. *(Il sort.)*

CAMILLE, *lisant.* Perdican me demande de lui dire adieu, avant de partir, près de la petite fontaine où je l'ai fait
15 venir hier. Que peut-il avoir à me dire ? Voilà justement la fontaine, et je suis toute portée[1]. Dois-je accorder ce second rendez-vous ? Ah ! *(Elle se cache derrière un arbre.)* Voilà Perdican qui approche avec Rosette, ma sœur de lait. Je suppose qu'il va la quitter ; je suis bien aise de ne
20 pas avoir l'air d'arriver la première. *(Entrent Perdican et Rosette, qui s'assoient.)*

CAMILLE, *cachée, à part.* Que veut dire cela ? Il la fait asseoir près de lui ? Me demande-t-il un rendez-vous pour y venir causer avec une autre ? Je suis curieuse de savoir
25 ce qu'il lui dit.

PERDICAN, *à haute voix, de manière que Camille l'entende.* Je t'aime, Rosette ! toi seule au monde tu n'as rien oublié de nos beaux jours passés ; toi seule tu te souviens de la

---

1. **Toute portée :** arrivée.

vie qui n'est plus ; prends ta part de ma vie nouvelle ; donne-moi ton cœur, chère enfant ; voilà le gage de notre amour. *(Il lui pose sa chaîne sur le cou.)* 30

ROSETTE. Vous me donnez votre chaîne d'or ?

PERDICAN. Regarde à présent cette bague. Lève-toi et approchons-nous de cette fontaine. Nous vois-tu tous les deux, dans la source, appuyés l'un sur l'autre ? Vois-tu tes 35 beaux yeux près des miens, ta main dans la mienne ? Regarde tout cela s'effacer. *(Il jette sa bague dans l'eau.)* Regarde comme notre image a disparu ; la voilà qui revient peu à peu ; l'eau qui s'était troublée reprend son équilibre ; elle tremble encore ; de grands cercles noirs 40 courent à sa surface ; patience, nous reparaissons ; déjà je distingue de nouveau tes bras enlacés dans les miens ; encore une minute, et il n'y aura plus une ride sur ton joli visage ; regarde ! c'était une bague que m'avait donnée Camille. 45

CAMILLE, *à part.* Il a jeté ma bague dans l'eau.

PERDICAN. Sais-tu ce que c'est que l'amour, Rosette ? Écoute ! le vent se tait ; la pluie du matin roule en perles sur les feuilles séchées que le soleil ranime. Par la lumière du ciel, par le soleil que voilà, je t'aime ! Tu veux bien de 50 moi, n'est-ce pas ? On n'a pas flétri ta jeunesse ; on n'a pas infiltré dans ton sang vermeil les restes d'un sang affadi. Tu ne veux pas te faire religieuse ; te voilà jeune et belle dans les bras d'un jeune homme. Ô Rosette, Rosette ! sais-tu ce que c'est que l'amour ? 55

ROSETTE. Hélas ! monsieur le docteur, je vous aimerai comme je pourrai

PERDICAN. Oui, comme tu pourras ; et tu m'aimeras mieux, tout docteur que je suis et toute paysanne que tu es, que ces pâles statues fabriquées par les nonnes, qui 60 ont la tête à la place du cœur, et qui sortent des cloîtres pour venir répandre dans la vie l'atmosphère humide de leurs cellules ; tu ne sais rien ; tu ne lirais pas dans un livre la prière que ta mère t'apprend, comme elle l'a apprise de sa mère ; tu ne comprends même pas le sens 65 des paroles que tu répètes, quand tu t'agenouilles au pied de ton lit ; mais tu comprends bien que tu pries, et c'est tout ce qu'il faut à Dieu.

ROSETTE. Comme vous me parlez, monseigneur !

70 **PERDICAN.** Tu ne sais pas lire ; mais tu sais ce que disent ces bois et ces prairies, ces tièdes rivières, ces beaux champs couverts de moissons, toute cette nature splendide de jeunesse. Tu reconnais tous ces milliers de frères, et moi pour l'un d'entre eux ; lève-toi, tu seras ma femme,
75 et nous prendrons racine ensemble dans la sève du monde tout-puissant. *(Il sort avec Rosette.)*

Scène 4

Entre **LE CHŒUR.** Il se passe assurément quelque chose d'étrange au château ; Camille a refusé d'épouser Perdican ; elle doit retourner aujourd'hui au couvent dont[1] elle est venue. Mais je crois que le seigneur son cousin s'est consolé
5 avec Rosette. Hélas ! la pauvre fille ne sait pas quel danger elle court en écoutant les discours d'un jeune et galant seigneur.

DAME PLUCHE, *entrant.* Vite, vite, qu'on selle mon âne !

LE CHŒUR. Passerez-vous comme un songe léger, ô véné-
10 rable dame ? Allez-vous si promptement enfourcher derechef cette pauvre bête qui est si triste de vous porter ?

DAME PLUCHE. Dieu merci, chère canaille, je ne mourrai pas ici.

LE CHŒUR. Mourez au loin, Pluche, ma mie ; mourez
15 inconnue dans un caveau malsain. Nous ferons des vœux pour votre respectable résurrection.

---

1. **Dont :** d'où.

DAME PLUCHE. Voici ma maîtresse qui s'avance. *(À Camille qui entre.)* Chère Camille, tout est prêt pour notre départ ; le baron a rendu ses comptes, et mon âne est bâté[1].

CAMILLE. Allez au diable, vous et votre âne, je ne partirai pas aujourd'hui. *(Elle sort.)* 20

LE CHŒUR. Que veut dire ceci ? Dame Pluche est pâle de terreur ; ses faux cheveux tentent de se hérisser, sa poitrine siffle avec force et ses doigts s'allongent en se crispant.

DAME PLUCHE. Seigneur Jésus ! Camille a juré ! *(Elle sort.)* 25

Scène 5 *Entrent* LE BARON *et* MAÎTRE BRIDAINE.

MAÎTRE BRIDAINE. Seigneur, il faut que je vous parle en particulier. Votre fils fait la cour à une fille du village.

LE BARON. C'est absurde, mon ami.

MAÎTRE BRIDAINE. Je l'ai vu distinctement passer dans la bruyère en lui donnant le bras ; il se penchait à son 5 oreille, et lui promettait de l'épouser.

LE BARON. Cela est monstrueux.

MAÎTRE BRIDAINE. Soyez-en convaincu ; il lui a fait un présent considérable, que la petite a montré à sa mère.

LE BARON. Ô ciel ! considérable, Bridaine ? En quoi consi- 10 dérable ?

MAÎTRE BRIDAINE. Pour le poids et pour la consé- quence. C'est la chaîne d'or qu'il portait à son bonnet.

LE BARON. Passons dans mon cabinet ; je ne sais à quoi m'en tenir. *(Ils sortent.)* 15

---

1. **Bâté :** sellé.

Scène 6

La chambre de Camille.
Entrent CAMILLE *et* DAME
PLUCHE.

CAMILLE. Il a pris ma lettre, dites-vous ?

DAME PLUCHE. Oui, mon enfant ; il s'est chargé de la mettre à la poste.

CAMILLE. Allez au salon, dame Pluche ; et faites-moi le
5 plaisir de dire à Perdican que je l'attends ici. *(Dame Pluche sort.)* Il a lu ma lettre, cela est certain ; sa scène du bois est une vengeance, comme son amour pour Rosette. Il a voulu me prouver qu'il en aimait une autre que moi, et jouer l'indifférent malgré son dépit. Est-ce qu'il m'aime-
10 rait, par hasard ? *(Elle lève la tapisserie.)* Es-tu là, Rosette ?

ROSETTE, *entrant.* Oui ; puis-je entrer ?

CAMILLE. Écoute-moi, mon enfant ; le seigneur Perdican ne te fait-il pas la cour ?

ROSETTE. Hélas ! oui.

15 **CAMILLE.** Que penses-tu de ce qu'il t'a dit ce matin ?

ROSETTE. Ce matin ? Où donc ?

CAMILLE. Ne fais pas l'hypocrite. – Ce matin à la fontaine, dans le petit bois.

ROSETTE. Vous m'avez donc vue ?

20 **CAMILLE.** Pauvre innocente ! Non, je ne t'ai pas vue. Il t'a fait de beaux discours, n'est-ce pas ? Gageons qu'il t'a promis de t'épouser.

ROSETTE. Comment le savez-vous ?

CAMILLE. Qu'importe comment je le sais ? Crois-tu à ses
25 promesses, Rosette ?

ROSETTE. Comment n'y croirais-je pas ? Il me tromperait donc ? Pourquoi faire ?

CAMILLE. Perdican ne t'épousera pas, mon enfant.

Rosette. Hélas ! je n'en sais rien.

Camille. Tu l'aimes, pauvre fille ; il ne t'épousera pas, et la preuve, je vais te la donner ; rentre derrière ce rideau, tu n'auras qu'à prêter l'oreille et à venir quand je t'appellerai. *(Rosette sort.)*

Camille, *seule.* Moi qui croyais faire un acte de vengeance, ferais-je un acte d'humanité ? La pauvre fille a le cœur pris. *(Entre Perdican.)* Bonjour, cousin, asseyez-vous.

Perdican. Quelle toilette, Camille ! À qui en voulez-vous ?

Camille. À vous, peut-être ; je suis fâchée de n'avoir pu me rendre au rendez-vous que vous m'avez demandé ; vous aviez quelque chose à me dire ?

Perdican, *à part.* Voilà, sur ma vie, un petit mensonge assez gros pour un agneau sans tache : je l'ai vue derrière un arbre écouter la conversation. *(Haut.)* Je n'ai rien à vous dire, qu'un adieu, Camille ; je croyais que vous partiez ; cependant, votre cheval est à l'écurie, et vous n'avez pas l'air d'être en robe de voyage.

Camille. J'aime la discussion ; je ne suis pas bien sûre de ne pas avoir eu envie de me quereller encore avec vous.

Perdican. À quoi sert de se quereller, quand le raccommodement est impossible ? Le plaisir des disputes, c'est de faire la paix.

Camille. Êtes-vous convaincu que je ne veuille pas la faire ?

Perdican. Ne raillez pas, je ne suis pas de force à vous répondre.

Camille. Je voudrais qu'on me fît la cour ; je ne sais si c'est que j'ai une robe neuve, mais j'ai envie de m'amuser. Vous m'avez proposé d'aller au village, allons-y, je veux bien ; mettons-nous en bateau ; j'ai envie d'aller dîner sur l'herbe, ou de faire une promenade dans la forêt. Fera-t-il clair de lune, ce soir ? Cela est singulier, vous n'avez plus au doigt la bague que je vous ai donnée.

PERDICAN. Je l'ai perdue.

65 **CAMILLE.** C'est donc pour cela que je l'ai trouvée ; tenez, Perdican, la voilà.

PERDICAN. Est-ce possible ? Où l'avez-vous trouvée ?

CAMILLE. Vous regardez si mes mains sont mouillées, n'est-ce pas ? En vérité, j'ai gâté ma robe de couvent pour
70 retirer ce petit hochet d'enfant de la fontaine. Voilà pourquoi j'en ai mis une autre, et, je vous dis, cela m'a changée ; mettez donc cela à votre doigt.

PERDICAN. Tu as retiré cette bague de l'eau, Camille, au risque de te précipiter[1] ? Est-ce un songe ? La voilà ; c'est
75 toi qui me la mets au doigt ! Ah ! Camille, pourquoi me le rends-tu, ce triste gage d'un bonheur qui n'est plus ? Parle, coquette et imprudente fille, pourquoi pars-tu ? pourquoi restes-tu ? Pourquoi, d'une heure à l'autre, changes-tu d'apparence et de couleur, comme la pierre de cette bague
80 à chaque rayon de soleil ?

CAMILLE. Connaissez-vous le cœur des femmes, Perdican ? Êtes-vous sûr de leur inconstance, et savez-vous si elles changent réellement de pensée en changeant quelquefois de langage ? Il y en a qui disent que non. Sans
85 doute, il nous faut souvent jouer un rôle, souvent mentir ; vous voyez que je suis franche ; mais êtes-vous sûr que tout mente dans une femme, lorsque sa langue ment ? Avez-vous bien réfléchi à la nature de cet être faible et violent, à la rigueur avec laquelle on le juge, aux principes
90 qu'on lui impose ? Et qui sait si, forcée à tromper par le monde, la tête de ce petit être sans cervelle ne peut pas y prendre plaisir, et mentir quelquefois par passe-temps, par folie, comme elle ment par nécessité ?

PERDICAN. Je n'entends rien[2] à tout cela, et je ne mens
95 jamais. Je t'aime Camille, voilà tout ce que je sais.

---

1. **Précipiter :** tomber à l'eau.
2. **Je n'entends rien :** je ne comprends rien.

CAMILLE. Vous dites que vous m'aimez, et vous ne mentez jamais ?

PERDICAN. Jamais.

CAMILLE. En voilà une qui dit pourtant que cela vous arrive quelquefois. *(Elle lève la tapisserie ; Rosette paraît* 100 *dans le fond, évanouie sur une chaise.)* Que répondrez-vous à cette enfant, Perdican, lorsqu'elle vous demandera compte de vos paroles ? Si vous ne mentez jamais, d'où vient donc qu'elle s'est évanouie en vous entendant me dire que vous m'aimez ? Je vous laisse avec elle ; tâchez 105 de la faire revenir. *(Elle veut sortir.)*

PERDICAN. Un instant, Camille, écoutez-moi.

CAMILLE. Que voulez-vous me dire ? c'est à Rosette qu'il faut parler. Je ne vous aime pas, moi ; je n'ai pas été chercher par dépit cette malheureuse enfant au fond de sa 110 chaumière, pour en faire un appât, un jouet ; je n'ai pas répété imprudemment devant elle des paroles brûlantes adressées à une autre ; je n'ai pas feint de jeter au vent pour elle le souvenir d'une amitié chérie ; je ne lui ai pas mis ma chaîne au cou ; je ne lui ai pas dit que je l'épou- 115 serais.

PERDICAN. Écoutez-moi, écoutez-moi !

CAMILLE. N'as-tu pas souri tout à l'heure quand je t'ai dit que je n'avais pu aller à la fontaine ? Eh bien ! oui, j'y étais, et j'ai tout entendu ; mais, Dieu m'en est témoin, je 120 ne voudrais pas y avoir parlé comme toi. Que feras-tu de cette fille-là, maintenant, quand elle viendra, avec tes bai-sers ardents sur les lèvres, le montrer en pleurant la bles-sure que tu lui as faite ? Tu as voulu te venger de moi, n'est-ce pas, et me punir d'une lettre écrite à mon couvent ? 125 Tu as voulu me lancer à tout prix quelque trait[1] qui pût m'atteindre, et tu comptais pour rien que ta flèche empoi-sonnée traversât cette enfant, pourvu qu'elle me frappât

---

1. **Trait :** flèche, sarcasme blessant.

derrière elle. Je m'étais vantée de t'avoir inspiré quelque
130 amour, de te laisser quelque regret. Cela t'a blessé dans
ton noble orgueil ? Eh bien ! apprends-le de moi, tu
m'aimes, entends-tu ; mais tu épouseras cette fille, ou tu
n'es qu'un lâche !

PERDICAN. Oui, je l'épouserai.

135 **CAMILLE.** Et tu feras bien.

PERDICAN. Très bien, et beaucoup mieux qu'en t'épou-
sant toi-même. Qu'y a-t-il, Camille, qui t'échauffe si fort ?
Cette enfant s'est évanouie ; nous la ferons bien revenir, il
ne faut pour cela qu'un flacon de vinaigre ; tu as voulu
140 me prouver que j'avais menti une fois dans ma vie ; cela
est possible, mais je te trouve hardie de décider à quel
instant. Viens, aide-moi à secourir Rosette. *(Ils sortent.)*

Scène 7 *Entrent* LE BARON *et* CAMILLE.

LE BARON. Si cela se fait, je deviendrai fou.

CAMILLE. Employez votre autorité.

LE BARON. Je deviendrai fou, et je refuserai mon consen-
tement ; voilà qui est certain.

5 **CAMILLE.** Vous devriez lui parler et lui faire entendre raison.

LE BARON. Cela me jettera dans le désespoir pour tout
le carnaval, et je ne paraîtrai pas une fois à la cour. C'est
un mariage disproportionné. Jamais on n'a entendu parler
d'épouser la sœur de lait de sa cousine ; cela passe toute
10 espèce de bornes.

CAMILLE. Faites-le appeler, et dites-lui nettement que ce
mariage vous déplaît. Croyez-moi, c'est une folie, et il ne
résistera pas.

LE BARON. Je serai vêtu de noir cet hiver, tenez-le pour
15 assuré.

CAMILLE. Mais parlez-lui, au nom du ciel ! C'est un coup de tête qu'il a fait ; peut-être n'est-il déjà plus temps ; s'il en a parlé, il le fera.

LE BARON. Je vais m'enfermer pour m'abandonner à ma douleur. Dites-lui, s'il me demande, que je suis enfermé, et que je m'abandonne à ma douleur de le voir épouser une fille sans nom[1]. *(Il sort.)*

CAMILLE. Ne trouverai-je pas ici un homme de cœur[2] ? En vérité, quand on en cherche, on est effrayé de sa solitude. *(Entre Perdican.)* Eh bien ! cousin, à quand le mariage ?

PERDICAN. Le plus tôt possible ; j'ai déjà parlé au notaire, au curé, et à tous les paysans.

CAMILLE. Vous comptez donc réellement que vous épouserez Rosette ?

PERDICAN. Assurément.

CAMILLE. Qu'en dira votre père ?

PERDICAN. Tout ce qu'il voudra ; il me plaît d'épouser cette fille ; c'est une idée que je vous dois, et je m'y tiens. Faut-il vous répéter les lieux communs les plus rebattus sur sa naissance et sur la mienne ? Elle est jeune et jolie, et elle m'aime ; c'est plus qu'il n'en faut pour être trois fois heureux. Qu'elle ait de l'esprit ou qu'elle n'en ait pas, j'aurais pu trouver pire. On criera et on raillera ; je m'en lave les mains.

CAMILLE. Il n'y a rien là de risible ; vous faites très bien de l'épouser. Mais je suis fâchée pour vous d'une chose : c'est qu'on dira que vous l'avez fait par dépit.

PERDICAN. Vous êtes fâchée de cela ? Oh ! que non.

CAMILLE. Si, j'en suis vraiment fâchée pour vous. Cela fait du tort à un jeune homme, de ne pouvoir résister à un moment de dépit.

---

1. **Fille sans nom :** fille sans noblesse.
2. **Homme de cœur :** homme courageux.

PERDICAN. Soyez-en donc fâchée ; quant à moi, cela m'est bien égal.

CAMILLE. Mais vous n'y pensez pas ; c'est une fille de
50 rien.

PERDICAN. Elle sera donc de quelque chose, lorsqu'elle sera ma femme.

CAMILLE. Elle vous ennuiera avant que le notaire ait mis son habit neuf et ses souliers pour venir ici ; le cœur vous
55 lèvera[1] au repas de noces, et le soir de la fête vous lui ferez couper les mains et les pieds, comme dans les contes arabes, parce qu'elle sentira le ragoût.

PERDICAN. Vous verrez que non. Vous ne me connaissez pas ; quand une femme est douce et sensible, fraîche, bonne
60 et belle, je suis capable de me contenter de cela, oui, en vérité, jusqu'à ne pas me soucier de savoir si elle parle latin.

CAMILLE. Il est à regretter qu'on ait dépensé tant d'argent pour vous l'apprendre ; c'est trois mille écus de perdus.

PERDICAN. Oui ; on aurait mieux fait de les donner aux
65 pauvres.

CAMILLE. Ce sera vous qui vous en chargerez, du moins pour les pauvres d'esprit.

PERDICAN. Et ils me donneront en échange le royaume des cieux, car il est à eux.

70 **CAMILLE.** Combien de temps durera cette plaisanterie ?

PERDICAN. Quelle plaisanterie ?

CAMILLE. Votre mariage avec Rosette.

PERDICAN. Bien peu de temps ; Dieu n'a pas fait de l'homme une œuvre de durée : trente ou quarante ans,
75 tout au plus.

CAMILLE. Je suis curieuse de danser à vos noces !

PERDICAN. Écoutez-moi, Camille, voilà un ton de persiflage[2] qui est hors de propos.

---

1. **Le cœur vous lèvera :** vous serez dégoûté.
2. **Persiflage :** moquerie.

CAMILLE. Il me plaît trop pour que je le quitte.

PERDICAN. Je vous quitte donc vous-même ; car j'en ai 80
tout à l'heure[1] assez.

CAMILLE. Allez-vous chez votre épousée ?

PERDICAN. Oui, j'y vais de ce pas.

CAMILLE. Donnez-moi donc le bras ; j'y vais aussi. *(Entre
Rosette.)* 85

PERDICAN. Te voilà, mon enfant ! Viens, je veux te pré-
senter à mon père.

ROSETTE, *se mettant à genoux.* Monseigneur, je viens
vous demander une grâce. Tous les gens du village à qui
j'ai parlé ce matin m'ont dit que vous aimiez votre cousine, 90
et que vous ne m'avez fait la cour que pour vous divertir
tous deux ; on se moque de moi quand je passe, et je ne
pourrai plus trouver de mari dans le pays, après avoir
servi de risée à tout le monde. Permettez-moi de vous
rendre le collier que vous m'avez donné, et de vivre en 95
paix chez ma mère.

CAMILLE. Tu es une bonne fille, Rosette ; garde ce collier,
c'est moi qui te le donne, et mon cousin prendra le mien
à la place. Quant à un mari, n'en sois pas embarrassée, je
me charge de t'en trouver un. 100

PERDICAN. Cela n'est pas difficile, en effet. Allons, Rosette,
viens, que je te mène à mon père.

CAMILLE. Pourquoi ? Cela est inutile.

PERDICAN. Oui, vous avez raison, mon père nous rece-
vrait mal ; il faut laisser passer le premier moment de sur- 105
prise qu'il a éprouvée. Viens avec moi, nous retournerons
sur la place. Je trouve plaisant qu'on dise que je ne t'aime
pas quand je t'épouse. Pardieu ! nous les ferons bien taire.
(Il sort avec Rosette.)

CAMILLE. Que se passe-t-il donc en moi ? Il l'emmène 110
d'un air bien tranquille. Cela est singulier : il me semble

---

1. **Tout à l'heure :** à présent.

que la tête me tourne. Est-ce qu'il l'épouserait tout de bon ?
Holà ! dame Pluche, dame Pluche ! N'y a-t-il donc personne
ici ? *(Entre un valet.)* Courez après le seigneur Perdican ;
115   dites-lui vite qu'il remonte ici, j'ai à lui parler. *(Le valet sort.)*
Mais qu'est-ce donc que tout cela ? Je n'en puis plus, mes
pieds refusent de me soutenir. *(Rentre Perdican.)*

PERDICAN. Vous m'avez demandé, Camille ?

CAMILLE. Non, – non.

120   **PERDICAN.** En vérité, vous voilà pâle ! qu'avez-vous à me
dire ? Vous m'avez fait rappeler pour me parler ?

CAMILLE. Non, non ! – Ô Seigneur Dieu ! *(Elle sort.)*

Scène 8 *Un oratoire[1].*

Entre **CAMILLE.** *Elle se jette au pied de l'autel.* M'avez-
vous abandonnée, ô mon Dieu ? Vous le savez, lorsque je
suis venue, j'avais juré de vous être fidèle ; quand j'ai
refusé de devenir l'épouse d'un autre que vous, j'ai cru
5   parler sincèrement devant vous et ma conscience ; vous
le savez, mon Père ; ne voulez-vous donc plus de moi ?
Oh ! pourquoi faites-vous mentir la vérité elle-même ?
Pourquoi suis-je si faible ? Ah ! malheureuse, je ne puis
plus prier ! *(Entre Perdican.)*

10   **PERDICAN.** Orgueil, le plus fatal des conseillers humains,
qu'es-tu venu faire entre cette fille et moi ? La voilà pâle
et effrayée, qui presse sur les dalles insensibles son cœur
et son visage. Elle aurait pu m'aimer, et nous étions nés
l'un pour l'autre ; qu'es-tu venu faire sur nos lèvres,
15   orgueil, lorsque nos mains allaient se joindre ?

CAMILLE. Qui m'a suivie ? Qui parle sous cette voûte ?
Est-ce toi, Perdican ?

---

1. **Oratoire :** petite chapelle privée.

PERDICAN. Insensés que nous sommes ! nous nous aimons. Quel songe avons-nous fait, Camille ? Quelles vaines paroles, quelles misérables folies ont passé comme 20 un vent funeste entre nous deux ? Lequel de nous a voulu tromper l'autre ? Hélas ! cette vie est elle-même un si pénible rêve ! pourquoi encore y mêler les nôtres ? Ô mon Dieu ! le bonheur est une perle si rare dans cet océan d'ici-bas ! Tu nous l'avais donné, pêcheur céleste, 25 tu l'avais tiré pour nous des profondeurs de l'abîme, cet inestimable joyau ; et nous, comme des enfants gâtés que nous sommes, nous en avons fait un jouet. Le vert sentier qui nous amenait l'un vers l'autre avait une pente si douce, il était entouré de buissons si fleuris, il se perdait 30 dans un si tranquille horizon ! Il a bien fallu que la vanité, le bavardage et la colère vinssent jeter leurs rochers informes sur cette route céleste, qui nous aurait conduits à toi dans un baiser ! Il a bien fallu que nous nous fissions du mal, car nous sommes des hommes ! Ô insensés ! nous 35 nous aimons. *(Il la prend dans ses bras.)*

CAMILLE. Oui, nous nous aimons, Perdican ; laisse-moi le sentir sur ton cœur. Ce Dieu qui nous regarde ne s'en offensera pas ; il veut bien que je t'aime ; il y a quinze ans qu'il le sait. 40

PERDICAN. Chère créature, tu es à moi. *(Il l'embrasse ; on entend un grand cri derrière l'autel.)*

CAMILLE. C'est la voix de ma sœur de lait.

PERDICAN. Comment est-elle ici ? je l'avais laissée dans l'escalier, lorsque tu m'as fait rappeler. Il faut donc qu'elle 45 m'ait suivi sans que je m'en sois aperçu.

CAMILLE. Entrons dans cette galerie ; c'est là qu'on a crié.

PERDICAN. Je ne sais ce que j'éprouve ; il me semble que mes mains sont couvertes de sang.

CAMILLE. La pauvre enfant nous a sans doute épiés ; elle 50 s'est encore évanouie ; viens, portons-lui secours ; hélas ! tout cela est cruel.

PERDICAN. Non en vérité, je n'entrerai pas ; je sens un froid mortel qui me paralyse. Vas-y Camille, et tâche de la

55 ramener. *(Camille sort.)* Je vous en supplie, mon Dieu ! ne
faites pas de moi un meurtrier ! Vous voyez ce qui se
passe ; nous sommes deux enfants insensés, et nous
avons joué avec la vie et la mort ; mais notre cœur est
pur ; ne tuez pas Rosette, Dieu juste ! Je lui trouverai un
60 mari, je réparerai ma faute ; elle est jeune, elle sera riche,
elle sera heureuse ; ne faites pas cela, ô Dieu ! vous pouvez bénir encore quatre de vos enfants. Eh bien ! Camille,
qu'y a-t-il ? *(Camille rentre.)*

CAMILLE. Elle est morte ! Adieu, Perdican !

Clefs d'analyse

Acte III, scène 8

Compréhension

▌ *Une scène de dénouement*
- Préciser ce qui s'est passé dans les scènes précédentes.
- Relever les différentes didascalies et expliquer leur importance dans la mise en scène.

Réflexion

▌ *Le monologue de Camille (l. 1-9)*
- Analyser l'adresse de Camille à Dieu (références, type de phrases, registre, ponctuation...).

▌ *Les leçons du genre proverbial (l. 10-36)*
- Dégager les leçons que Perdican tire de l'aventure.
- Analyser les différentes métaphores filées durant cette tirade.
- Analyser l'expression des sentiments au travers du dialogue.
- Discuter l'idée que les deux jeunes gens auraient été coupables d'« orgueil ».

▌ *L'intrusion du tragique*
- Commenter les choix dramatiques retenus par Musset (cri « off », ellipses, etc.).
- Comparer les réactions de Camille et de Perdican (similitudes, différences).

▌ *Le sens de la formule*
- Commenter la dernière réplique de Camille.
- Déterminer les valeurs et les motivations justifiant le choix de Camille.

À retenir :

Le dénouement est la partie finale d'une pièce de théâtre. L'action s'y achève, les problèmes soulevés durant l'action trouvent leur solution. Ici, la comédie a fait soudain place à la tragédie, l'errance des sentiments ayant abouti à une catastrophe.

Synthèse Acte III

L'acte des manipulations tragiques

Personnages

*Des personnages perdus
dans un acte contradictoire*

Le dernier acte d'*On ne badine pas avec l'amour* est aussi le plus long : huit scènes au lieu de cinq pour chacun des deux autres. Si les fantoches restent des fantoches, ne variant pas d'un cil dans l'expression de leur rivalité, de leurs *a priori* et de leur sottise, les jeunes premiers sont très éprouvés. Ils passent par tous les sentiments : la surprise, l'inquiétude, le refus, la déclaration, la culpabilité.

Ainsi, Perdican est troublé dès la première scène, se demandant pourquoi Camille le hante, alors qu'il en est repoussé. Il change brusquement d'avis lorsqu'il comprend qu'il est victime d'une manipulation à la suite de sa lecture de la lettre adressée à Louise. De manipulé, il se fait manipulateur, attirant Camille dans le piège qu'il lui tend au travers de Rosette. Faible, le voilà bientôt aux pieds de la jeune femme qui lui a rendu la monnaie de sa pièce, en l'attirant à son tour dans un piège dont Rosette fait les frais.

Échangeant les rôles de manipulateurs/manipulés, Perdican et Camille sont bien « de la même farine », et leurs derniers élans au romantisme échevelé font chavirer la pièce dans un *happy end* bien peu crédible, tant leur amour semble intellectuel et fondé sur l'obstacle.

Rosette pour sa part est la victime au sens propre au terme des stratégies manipulatoires des deux jeunes gens. En fait, il ne semble pas qu'elle aime tant Perdican. Elle ne lui a rien demandé. Elle l'a même supplié de la laisser vivre dans son village, avec les gens de sa classe. Au fond, elle a compris qu'on la déshonorait, et qu'elle était seule dans une histoire où l'on se servait d'elle.

Synthèse

Car voilà la force de l'intrigue et des personnages de Musset. Le spectateur est entraîné sur les fausses pistes annoncées de l'amour, du badinage, de l'orgueil, de l'innocence alors qu'en fait, sous ces apparences, l'auteur nous montre seulement de pauvres êtres humains qui ne savent pas au fond qui ils sont, ce qu'est l'amour, où ils vont, ce qu'ils veulent faire et quel est leur pouvoir.

Langage

Du comique au tragique

L'acte entier est une apothéose pour le mélange des genres. Tous les personnages s'y retrouvent ; tous les langages, tous les registres coexistent. À noter cependant que les registres lyrique puis tragique l'emportent, comme si les registres comiques n'étaient là qu'en contrepoint d'une vision funeste du monde.

Place alors aux tonalités plus sérieuses, aux élans plus sublimes, où les métaphores poétiques expriment l'enthousiasme avant que le pathétique ne s'impose définitivement avec son expression exacerbée de la souffrance, de la fatalité, de la nécessité, de la faute, de la mort et de la séparation.

Société

Un plaidoyer pour la pauvre Rosette

On ne badine pas avec l'amour penche un temps pour une tournure très XVIIIe siècle, oscillant entre les intermittences du cœur à la Marivaux et les contestations sociales à la Beaumarchais. À vrai dire, la pièce en serait restée là sans la présence de Rosette. En effet, le jeune Perdican aurait probablement fini par épouser Camille, sous le couvert d'un amour convenu, avec un avenir balisé de maîtresses et de quelques libertinages bien permis dans sa société. Quant à Camille, les premières surprises de l'amour terrestre passées, elle se serait tournée vers les bonnes œuvres et les prières. Rosette représente le

Synthèse Acte III

grain de sable qui met en déséquilibre cette société préforma-
tée. À travers elle, Musset fait parler toutes ces paysannes, lais-
sées pour compte par les seigneurs, forts de leur « droit de
cuissage » ancestral, toutes ces malheureuses qui, n'ayant
pourtant rien demandé, se sont toujours retrouvées, dans leur
société, enceintes puis mères d'un bâtard. Sans doute est-ce
un peu forcer le trait, mais les résistances de Rosette devant le
beau Perdican ne viennent-elles pas de ces licences accordées
aux nobles ou aux notables de jouer avec leurs vassales, puis
de les laisser tomber pour mieux qu'elles, comme si elles
n'avaient ni âme ni sentiments ? Car comment la pauvre
Rosette – cette « petite rose » – aurait-elle pu trouver un mari
après le déshonneur que Perdican lui a infligé ? Comment
aurait-elle pu vivre sous les risées des villageois ?

À vrai dire, Musset est peu intéressé par les luttes politiques,
mais, sans doute à l'écoute de George Sand, il se penche ici sur
les luttes sociales et sur la condition trop oubliée des femmes
sans condition.

POUR
APPROFONDIR

Genre, action, personnages

Genres et registres

Avec *On ne badine pas avec l'amour,* on est confronté une fois encore à l'originalité de Musset. Certes, le poète dramaturge appartient à la génération romantique française qui puise une partie de son inspiration dans les grands mouvements artistiques apparus en Europe dans le courant du XVIIIe siècle ainsi que dans la tradition littéraire propre à la France.

Il n'empêche qu'avec cette pièce on est dans un contexte surtout français, l'œuvre poursuivant, en l'infléchissant certes, la tradition du proverbe, genre littéraire en vogue dans les salons littéraires et mondains du XVIIIe siècle français. Une revendication que Musset affiche clairement en sous-titre de sa pièce. Qu'en est-il dans la réalité ? Comment Musset a-t-il pu articuler son ambition d'écrire un proverbe et l'influence que ses amis romantiques et son époque font peser sur lui avec sa conception particulièrement personnelle de l'espace théâtral ?

▌ *La mode du proverbe*

On ne badine pas avec l'amour est annoncé comme appartenant au genre du proverbe. Au XVIIIe et au XIXe siècle, contrairement à ce que notre époque a retenu, le proverbe est un genre littéraire à la mode, sans doute marginal mais reconnu, qui s'est affiné durant quelques décennies dans les salons précieux du XVIIe siècle. Dans l'étude qu'il lui a consacrée (*Le Théâtre de Musset*), le critique Léon Lafoscade insiste sur le fait qu'au XVIIIe siècle ce genre est avant tout un amusement, très prisé par les aristocrates et les intellectuels, lorsque le désœuvrement s'installe, l'espace d'une soirée, dans un château privé. Certains s'essayent aux charades, d'autres jouent aux proverbes. Le jeu consiste d'abord en l'improvisation, sur un canevas léger, de quelques scènes. La dramaturgie doit aboutir, en guise de morale, à la justification d'un proverbe dont on ne donne pas le titre mais que l'auditoire doit découvrir.

Carmontelle (1717-1806), ordonnateur des fêtes à la cour du duc d'Orléans, s'y est essayé avec succès. Pour lui, « le Proverbe dramatique est donc une espèce de Comédie, que l'on fait en inventant un sujet, ou en se servant de quelque trait, quelque historiette, etc. Le mot de Proverbe doit être enveloppé dans l'action, de manière que les spectateurs ne le devinent pas, il faut lorsqu'on le leur dit, qu'ils s'écrient : *ah ! c'est vrai !* comme lorsqu'on dit le mot d'une énigme que l'on n'a pas trouvée » (*Proverbes dramatiques,* 1773-1781).

Avec le début du XIXᵉ siècle, on pense à imprimer en partie le proverbe, tout en laissant à l'imagination des acteurs quelques détails des dialogues, puis l'on écrit tout. On finit même par dénaturer le genre en n'utilisant plus le proverbe qu'en sous-titre de l'œuvre ou encore comme mot de la fin. Le genre, frivole mais distingué, se banalise ; on le situe entre la comédie et la farce. Ses arguments font revivre une société entre Lumières, Révolution et Empire et se côtoyer des comtesses fort bavardes venues poser chez des peintres, des Mme de La Bruyère chargées d'une recommandation par leur oncle mais qui oublient de la faire, etc.

Ainsi transformé, le proverbe, un temps délaissé, retrouve dès 1815 (sous la Restauration) son public traditionnel des salons mais conquiert aussi les scènes du boulevard. En 1830, c'est un genre installé, très éloigné des audaces romantiques de l'époque, même si un Théodore Leclercq (1797-1863), voire un Alfred de Vigny (1797-1863) avec son *Quitte pour la peur,* représenté en 1833, en exploit certaines fibres satiriques ou philosophi-ques, flirtant volontiers avec l'anticléricalisme et la politique.

D'où l'étonnement mesuré de trouver à maintes reprises la revendication du genre sous la plume de Musset, qui rassemble en 1840 ses œuvres sous le titre générique de *Comédies et*

Genre, action, personnages

proverbes et le propose en sous-titre à notre pièce certes mais aussi à *Il ne faut jurer de rien, Le Chandelier, Un caprice, Il faut qu'une porte soit ouverte ou fermée, On ne saurait penser à tout*, autant de situations et de sujets plutôt éloignés de la tradition du proverbe. Certes le jeune Alfred est nourri de Carmontelle, ami de son grand-père ; il connaît les recoins de ses huit volumes de proverbes et s'est imprégné de leurs scènes les plus croustillantes.

On ne badine pas avec l'amour est-il *un proverbe* ?

La question se pose alors de savoir si Musset a exploité ici les recettes du genre. On serait tenté de dire non au vu de la complexité de l'intrigue et de certains personnages, de la multiplication des décors, du mélange des tons et des genres, ainsi que de la tristesse tragique du dénouement. En outre, l'écrivain ne fait-il pas dire à un de ses personnages, Emmeline, en 1837 : « J'aime peu les proverbes en général, parce que ce sont des selles à tous chevaux ; il n'en est pas un qui n'ait son contraire, et, quelque conduite que l'on tienne, on en trouve toujours un pour s'appuyer. » Cependant, certains indices nous montrent une filiation relative du genre à l'œuvre sur le plan tant des personnages que du mouvement propre à l'intrigue.

Le proverbe réserve en effet une place de choix au type du curé, l'esprit du XVIIIe siècle et son anticléricalisme l'irriguant. L'abbé y est grotesque. Sous son vernis culturel, le vulgaire y affleure vite, le pique-assiette pointe. C'est un animal familier des châteaux où le boire et le manger ne coûtent rien, et qui, en échange de sa complaisante compagnie et de son savoir opportuniste, peut vivre ses bassesses et ses ridicules sans risque. On le rudoie, on se moque de lui, mais il mange. C'est un esprit mesquin. Musset y a puisé le type de ses maîtres Blazius et Bridaine, prêtres ivrognes et gloutons, délateurs et commères (I, 5). Il en a aussi déduit celui de dame Pluche, bigote ridicule et hystérique, montée sur son âne (I, 1), et sans doute aussi celui du Baron, qui s'écroule au moindre tremblement (II, 4).

L'intrigue, pour sa part, respecte le contrat du proverbe : au terme de l'action, le jeu sur les sentiments, le badinage semble condamné. On verra cependant que la morale de l'affaire est beaucoup plus complexe que l'exigerait le respect total du genre.

Comme à son habitude en effet, Musset a pris du proverbe ce qui l'intéressait et l'a fait évoluer dans son univers, l'habillant de ses couleurs personnelles, le détournant de ses publics traditionnels. Ainsi en est-il d'*On ne badine pas avec l'amour*, qui complexifie les situations, multiplie les personnages, éloignant sa création encore davantage de l'univers de l'improvisation fondatrice et supposée.

La mode du drame romantique

L'œuvre est-elle pour autant inféodée au drame romantique alors à la mode, dans la mesure où ses élans lyriques, sa conclusion entre autres, pourraient y renvoyer ? On aurait quelques raisons de le croire, le dramaturge allant produire la même année l'archétype même du genre avec *Lorenzaccio*.

Musset n'ignore pas en effet la jeune école, étant reçu depuis six ans par ses pairs, Victor Hugo, Charles Nodier, Sainte-Beuve, Théophile Gautier, dans les cercles romantiques, et étant de surcroît l'ami proche de George Sand (voir p. 122). Il connaît aussi, comme toute sa génération, les principes du drame romantique énoncés dans la préface de *Cromwell* (1827) de Victor Hugo.

Mais qu'est au juste le drame romantique ? Ce n'est ni le drame bourgeois, sorte de comédie larmoyante et moralisante en vogue au XVIIIe siècle et largement exploitée par Denis Diderot (1713-1784) ou Nivelle de La Chaussée (1692-1754), ni le mélodrame, genre populaire conventionnel aux personnages stéréotypés et à la structure figée, illustré entre autres par Guilbert de Pixérécourt (1773-1844). Le drame romantique est un genre nouveau en vers ou en prose qui, durant ses vingt ans d'existence, revendique l'héritage des œuvres de Shakespeare et des littératures européennes du tournant du XVIIIᵉ siècle dans le projet de refléter les préoccupations sociales, politiques ou psychologiques de son temps. Il plaide pour une création libérée des contraintes anciennes par un goût annoncé pour le mélange des genres (comédie, farce, tragédie), des tons (beau et laid, sublime et grotesque...), des langages, des types de personnages (rebelles, rois, bouffons, courtisanes, femmes du monde...). S'il refuse les règles classiques des trois unités (lieu, action et temps), il ne renie pas pour autant complètement le classicisme puisqu'il respecte la logique de la progression dramatique (exposition, action, dénouement) et les découpages en actes et scènes – même s'il instaure la notion de « tableaux », permettant l'entrée et la sortie de personnages dans une même scène. Sur le plan du contenu, le drame porte en lui des préoccupations sociales et morales originales, volontiers critiques des mœurs et de la politique de son temps.

On ne badine pas avec l'amour est-il *un drame romantique* ?

Ainsi posé, le contexte intellectuel et dramatique d'*On ne badine pas avec l'amour* s'éclaire peu à peu. En effet, si la pièce a quelques dettes envers le genre du proverbe, elle semble bien aussi en avoir envers le drame romantique.

À n'en pas douter, le mélange des genres et des registres est un des effets de l'influence forte de l'école romantique sur Musset. Ainsi, au genre du proverbe, l'écrivain mêle ceux de la comédie bouffonne voire de la farce et de la tragédie. C'est une constante dans sa pièce que l'alternance déconcertante de scènes grotesques, comiques, lyriques, graves et tragiques (II, 1 ; II, 2 ; II, 3 ; II, 4), le voisinage de jeunes premiers, de villageois, de nobles, d'alcooliques, de religieux et de bigotes. Ces rencontres sur l'espace réduit d'un théâtre et dans le temps bref d'une pièce produisent des chocs de registres et de niveaux de langage détonants. Entre le lyrisme et la rhétorique (« Ô mon enfant ! sais-tu les rêves de ces femmes qui te disent de ne pas rêver ? Sais-tu quel nom elles murmurent quand les sanglots qui sortent de leurs lèvres font trembler l'hostie qu'on leur présente ? » [II, 5]) se glissent des absurdités comiques (« Quelle raison pouvait avoir dame Pluche pour froisser un papier plié en quatre en faisant des soubresauts dans une luzerne ? » [II, 4]) et des contrastes d'expression émouvants (« Ô Rosette, Rosette ! sais-tu ce que c'est que l'amour ? – Hélas ! monsieur le docteur, je vous aimerai comme je pourrai » [III, 3]).

C'est enfin les conséquences des audaces de la nouvelle esthétique théâtrale que de multiplier les décors – près d'une douzaine –, de faire se succéder des personnages qui ne doivent pas se rencontrer, d'utiliser les artifices du drame dans les échanges de lettres, les rendez-vous successifs, les situations romanesques où les personnages sortent de derrière un buisson ou une tenture, d'oser l'invraisemblable dans la mort incroyable de Rosette...

L'originalité de Musset

Où se situe donc l'originalité de Musset dans ce contexte ? Elle se trouve précisément dans le rapprochement que l'écrivain opère entre plusieurs genres littéraires et plusieurs tendances artistiques, entre autres le proverbe/le drame romantique, la prose/la poésie, le romantisme/le théâtre populaire. Elle apparaît aussi dans l'atemporalité de l'action – une bergerie quelque part dans un siècle imprécis – et dans le fait que Musset n'hésite pas à introduire dans sa pièce un des personnages les plus énigmatiques du théâtre antique, tant comique que tragique, le Chœur, auquel il fait jouer le rôle du public, en même temps qu'il s'amuse à glisser des scènes de théâtre dans le théâtre dans son argument, complexifiant à souhait son intrigue, tout en lui donnant une résonance interne démultipliée.

Enfin, il ne faut pas perdre de vue un fait capital, au cœur de l'originalité du dramaturge de 24 ans : Musset n'écrit plus pour la scène depuis l'échec de *La Nuit vénitienne* en 1830 mais pour une lecture dans un fauteuil, ce qui lui ouvre les champs d'une dramaturgie impossible à réaliser sur scène à son époque. La situation dans laquelle il se met lui ouvre les espaces de la créativité pure. C'est pourquoi, le XXᵉ siècle exploitera largement sa pièce, car il y trouvera le champ déjà ensemencé d'un nouveau théâtre, du drame moderne où au mélange des genres on a substitué le dépassement des genres.

Actions et personnages

Une architecture dramatique complexe

Rendre compte de la progression dramatique d'*On ne badine pas avec l'amour* est complexe. Seul un tableau descriptif, scène par scène, peut mettre en évidence son architecture.

Trois constats s'imposent à la lecture du tableau. Le **premier** concerne le déséquilibre des trois actes. Si les deux premiers actes sont relativement courts (5 scènes), le troisième compte huit scènes. C'est l'acte des indécisions, puis de la catastrophe.

Le **deuxième constat** s'attache aux rencontres des trois personnages principaux dont dépend la dynamique de la pièce : huit rencontres entre Camille et Perdican, cinq entre Perdican et Rosette. Camille et Rosette, bien que sœurs de lait, ne se rencontrent que deux fois, au 3ᵉ acte seulement, mais ne se parlent qu'une fois (III, 6). On peut en déduire que Rosette est un accessoire dans le jeu érotique des deux nobles, d'autant plus que, dans le 3ᵉ acte, elle finit par n'être plus présentée que comme cachée, évanouie, puis morte. Une autre

Actes	Scènes	Personnages	Événements dramatiques	Lieux	Commentaires sur l'action
ACTE I	Scène 1	Le Chœur, Blazius, Dame Pluche		Une place devant le château	
	Scène 2	Le Baron, Bridaine, Blazius, Dame Pluche		Le salon du baron	
		Le Baron, Bridaine			
		Perdican, Camille	1re rencontre		Camille refuse d'embrasser son cousin.
	Scène 3	Le Chœur		Devant le château	
		Le Baron, Dame Pluche			
		Perdican, Camille	2e rencontre		Camille refuse de parler de ses souvenirs d'enfance.
		Le Baron, Dame Pluche			
	Scène 4	Le Chœur, Perdican		Une place	
		Perdican, Rosette	1re rencontre		Perdican est heureux de revoir Rosette.
	Scène 5	Le Baron, Blazius, Bridaine		Une salle	

Actes	Scènes	Personnages	Événements dramatiques	Lieux	Commentaires sur l'action
ACTE II	Scène 1	Blazius, Perdican		Un jardin	
		Perdican, Camille	3e rencontre		Perdican essaie de prendre la main de Camille, qui dit qu'elle va partir le lendemain.
		Camille, Dame Pluche	Billet de Camille à Perdican		
	Scène 2	Bridaine	La salle à manger		
	Scène 3	Perdican, Rosette	2e rencontre	Un champ devant une petite maison	Perdican donne des baisers à Rosette, sa « sœur ». Il pleure.
	Scène 4	Blazius, le Baron		Au château	
	Scène 5	Perdican, Camille	4e rencontre	Une fontaine dans un bois	Camille demande pardon d'avoir pu paraître brusque : elle a renoncé au monde. Elle lui parle de la fidélité, de Louise et lui pose des questions. « Je veux aimer, mais je ne veux pas souffrir [...]. » Perdican lui répond faisant le procès des nonnes. « J'ai souffert souvent [...]. »

Actes	Scènes	Personnages	Événements dramatiques	Lieux	Commentaires sur l'action
ACTE III	Scène 1	Le Baron, Blazius		Devant le château	
		Perdican			Perdican se demande s'il est amoureux de Camille.
	Scène 2	Bridaine, Blazius		Un chemin	
		Blazius, Dame Pluche			
		Perdican, Blazius, Dame Pluche			
		Perdican	– Lettre de Camille à Louise – Billet de Perdican à Camille		Perdican intercepte la lettre de Camille à Louise. Il est furieux du roman prévu et inventé par Camille à ses dépens. Il envoie un billet de rendez-vous à Camille (« Non, non, Camille, je ne t'aime pas [...] », « Ah ! je suis au désespoir ! »)
		Perdican, Rosette	3e rencontre		Perdican veut entraîner Rosette vers la fontaine.
	Scène 3	Camille, le Paysan, Rosette		Le petit bois	Camille reçoit le billet et arrive en avance au rendez-vous, où elle découvre Perdican et Rosette. Elle se cache, répondant ainsi au plan de Perdican.
		Perdican, Rosette (Camille cachée)	4e rencontre		Perdican, sachant que Camille les entend, fait une déclaration d'amour à Rosette.

Actes	Scènes	Personnages	Événements dramatiques	Lieux	Commentaires sur l'action
ACTE III	Scène 4	Le Chœur, Dame Pluche, Camille			
	Scène 5	Le Baron, Bridaine			
	Scène 6	Camille, Dame Pluche		La chambre de Camille	Camille apprend le stratagème de Perdican.
		Camille, Rosette			Elle essaie d'éclairer Rosette sur les vrais sentiments de Perdican.
		Camille, Perdican (Rosette cachée, puis évanouie)	5ᵉ rencontre		Camille fait avouer à Perdican qu'il l'aime, alors que Rosette entend tout. Elle lui rend sa bague qu'elle lui passe au doigt, puis lui dévoile Rosette évanouie. Elle lui ordonne de l'épouser. « Je ne vous aime pas, moi [...]. » Perdican décide d'épouser Rosette.

Actes	Scènes	Personnages	Événements dramatiques	Lieux	Commentaires sur l'action
ACTE III	Scène 7	Le Baron, Camille		La chambre de Camille	Camille, désemparée de ce qu'elle a provoqué, essaie de faire agir le baron pour détourner Perdican de son idée de mariage avec Rosette. En vain.
		Camille, Perdican	6e rencontre		Camille essaie de détourner Perdican de son projet. En vain.
		Camille, Perdican, Rosette	5e rencontre Perdican-Rosette		Rosette supplie Perdican de ne pas se moquer d'elle.
		Camille			Camille ressent un trouble très étrange en elle. Elle fait rappeler Perdican.
		Camilla, Perdican	7e rencontre		Perdican la trouve pâle. Elle n'a rien à lui dire.
	Scène 8	Camille		Un oratoire	Seule, Camille implore Dieu, car elle ne sait où elle en est.
		Camille, Perdican (Rosette cachée)	8e rencontre		Camille et Perdican se déclarent leur amour. Rosette, qui a tout entendu, meurt.

remarque s'attache à l'architecture des rencontres : la substitution à la rencontre physique entre Camille et Perdican d'un échange de billets ou de lettres (II, 1 et III, 2).

Le **troisième constat** tient au mélange des registres et des tons. Les deux premiers actes font la part belle au grotesque alternant avec des dialogues sérieux. Avec le 3e acte, le grotesque le cède progressivement devant le tragique à partir de la scène 6, en même temps que les décors, alternant jusque-là entre l'intérieur et l'extérieur, le château et la campagne, se dépouillent pour se réduire à la chambre de Camille puis à l'oratoire, un huis clos religieux symbolique où les paroles échangées doivent engager ceux qui les prononcent, où les actes sont irréparables car commis dans un lieu sacré.

Le descriptif fait donc apparaître parfaitement la maturité dramatique de Musset, sa structure logique forte – le 1er acte étant l'acte du refus, le 2e celui des explications, le 3e celui des aveux et de la catastrophe – ainsi que sa structure en entonnoir, qui du ludique enferme progressivement l'action dans le tragique.

Des personnages en symétrie et en opposition

Que dire des personnages ? On pourrait s'efforcer de les faire entrer dans un schéma actanciel type avec un sujet (le personnage principal : Perdican ? Camille ?), un objet (Camille ? Perdican ?), un destinataire (le bonheur), un destinateur (le désir, la volonté paternelle), des adjuvants (???), des opposants (Le Baron, Blazius, Bridaine, Pluche, la religion, la société...). Le problème est que les sujets sont doubles, qu'ils voient leurs désirs évoluer au fil de la pièce, qu'un classement serait de surcroît inintéressant ou impossible devant l'extrême fluidité d'une intrigue à l'issue incertaine. Nous abandonnerons donc cette piste académique peu féconde puisqu'elle obligerait à opérer des choix très critiquables, mettrait de côté entre autres Rosette, le chœur et l'énigmatique Louise, absente mais si présente.

Genre, action, personnages

Nous préférerons nous interroger sur les jeux de symétrie repérables dans la pièce. Il est en effet frappant de noter que d'emblée Musset les multiplie. Ainsi, Camille, sortie d'un couvent, et Perdican, quittant l'université, arrivent le même jour et à la même heure au château, chacun entrant par une porte opposée dans le salon du Baron. Ils sont accompagnés l'un par un précepteur, Blazius, l'autre par une gouvernante, Pluche. Le précepteur est monté sur une mule, la gouvernante sur un âne (on remarquera l'opposition grotesque des sexes entre les animaux et leurs propriétaires) ; il est gras, elle est maigre ; il boit du vin, elle prend de l'eau ; il est bienveillant, elle est caustique. Symétrie aussi entre les interventions du Chœur et des quatre fantoches, comme si Musset avait voulu introduire une géométrie dans l'absurde.

Il est aussi loisible d'interroger les oppositions, entre autres : grotesques (Le Baron, Bridaine, Blazius, Pluche)/jeunes premiers (Perdican, Camille), jeunes tourmentés/vieux imbéciles, présence (Camille)/absence (Louise), trivialité/lyrisme, nobles/paysans, mépris de l'amour (Camille)/naïveté devant l'amour (Rosette), intérieur/extérieur.

Tous ces miroirs font ressortir deux clans bien différenciés : celui des fantoches et celui de la jeunesse.

Le clan des fantoches

Ils sont vieux et sots. Musset s'en sert pour divertir, détourner l'intérêt de la seule intrigue amoureuse, jouer sur l'attente de ses lecteurs. **Le Baron**, par exemple, apparaît d'emblée comme le personnage du pouvoir, son titre, son rang, sa fortune lui donnant des droits sur les autres (« son cousin doit l'épouser » [I, 3]). Musset en a grossi les traits pour en faire une caricature du notable de province, misogyne (« je connais ces êtres charmants et indéfinissables » [I, 2]), garant des mœurs de sa caste (« mon fils vient-il ici pour débaucher ses vassales ? » [I, 5]), sûr de la finesse de son esprit (« pendant le dîner, sans avoir l'air d'y toucher » [I, 2]). C'est le roi de l'ordre – il sait à la minute près quand sont nés Perdican et Camille, a balisé leur rencontre – et de la tradition (« savez-vous que nous sommes trente-sept mâles » [II, 4]). Mais il est faible et, en fait, n'agit sur rien du tout. D'autant qu'il est entouré par plus bêtes que lui encore.

La palme de la bêtise revient en effet à son parasite, **maître Bridaine**, et à son comparse **maître Blazius**. Caractéristiques du « grotesque », ils sont la caricature de l'humanité vulgaire et orgueilleuse. Sous des rudiments de latin de messe se cachent les ivrogneries et les goinfreries les plus sordides. Et, lorsque Bridaine est exclu du château, son regret majeur concerne son ventre promis aux ragoûts du peuple et son gosier bientôt à sec (II, 2). Son rival, c'est l'étranger, Blazius. Tous deux se ressemblent tant qu'ils se détestent, luttent pour la première place à la droite du... Baron, dont ils sont en fait les esclaves consentants.

Dame Pluche, qui clôt le quatuor des fantoches, présente une bêtise plus masquée. Son nom (du latin *pilus,* « poil ») renvoie à un personnage pelé dont on lit la triste vie dans l'*Histoire d'un merle blanc* (1842) : « Par malheur, ma voisine était une vieille colombe aussi sèche qu'une girouette rouillée. Au moment où je m'approchai d'elle, le peu de plumes qui couvraient ses os étaient l'objet de sa sollicitude ; elle feignait de les éplucher, mais elle eût trop craint d'en arracher une : elle les passait seulement en revue pour voir si elle avait son compte. » Outre cette disgrâce physique, Pluche est sèche, d'un esprit étroit (« Une jeune fille qui se respecte ne se hasarde pas sur les pièces d'eau » [I, 3]), prompte à crier au scandale sitôt que la religion est menacée (« Camille a juré » [III, 4]). Contrairement aux deux abbés, c'est une fanatique pure et dure, mais, comme les autres, elle a peu de pouvoir direct dans la pièce.

Le clan des jeunes

Face à ces fantoches sans grande consistance, le trio de trois jeunes gens – deux aristocrates, Perdican et Camille, et une villageoise, Rosette – domine l'action par la mise au clair de leurs sentiments. On pense bien sûr à Marivaux, dont le cœur des pièces est une interrogation angoissée sur les avancées de l'amour et de la passion. La comparaison s'arrêtera là cependant.

Car où est l'amour dans *On ne badine pas avec l'amour* ? Dans le titre, à n'en pas douter. Dans le dialogue, c'est beaucoup plus difficile à saisir. En effet, ni Perdican ni Camille ne s'aiment lorsqu'ils se rencontrent. **Perdican** est un jeune docteur qui a déjà connu les femmes (II, 5). S'il pense à épouser Camille, il ne lui est pas encore venu à l'esprit qu'il pourrait l'aimer : l'amour et le mariage sont pour lui des notions étrangères l'une à l'autre. Il obéit à son père et aux usages de sa classe sociale, voilà tout. Il lui est naturel de déclarer à Blazius : « Je vous répète que je ne demande pas mieux que d'épouser Camille » ; puis, sans se contredire, à Camille : « Tu ne veux pas qu'on nous marie ? eh bien ! ne nous marions pas [...] » (II, 1). Il n'aime en effet personne. Son intérêt pour Rosette (I, 4) ne dépasse pas plus le souvenir d'une amitié d'enfant. Disciple enthousiaste de Rousseau, il est touché de la retrouver. Son invitation au château n'a rien d'une déclaration d'amour (« nous te marierons, mon enfant »). Ce n'est qu'à partir de l'acte III qu'il se pose la question de l'amour, devant les résistances répétées de Camille, qu'il se fait une affaire d'honneur de se venger d'elle après avoir intercepté sa lettre à Louise (« non, non, Camille, je ne t'aime pas » [III, 2]).

De son côté, **Camille** n'est pas plus amoureuse de lui. Elle pense à son couvent, au désespoir dans lequel une passion humaine peut plonger une imprudente. Elle a peur de l'amour : « Je veux aimer, mais je ne veux souffrir [...] » (II, 5). Comme Perdican l'idéaliste qui plaide pour les risques de l'amour plutôt que les refoulements des nonnes (II, 5), elle va bientôt se laisser emporter par une situation confuse dont Rosette fera les frais, mais qui en même temps lui découvrira son désir tout en l'aiguisant.

Perdican et Camille confondent alors lutte de pouvoir et attirance vers l'autre au point que tous deux croiront dans un moment d'extase et de confidence avoir découvert ce « trouble très étrange » (III, 7) dont on parle dans les poèmes romantiques.

Et **Rosette**, est-elle amoureuse ? Pas plus que les deux autres. Elle ne veut pas rester fille, c'est sûr (I, 4), elle remet à sa place Perdican, qui oublie qu'elle n'est plus la petite fille d'antan (II, 3), elle compatit à sa tristesse (II, 3) mais en même temps elle a bien compris qu'un mariage avec un noble est impossible pour une fille de sa condition. Lorsque Perdican par jeu (ou badinage) lui parle d'amour, elle reste sur ses gardes, car elle sait bien les limites de ses paroles : « Hélas ! monsieur le docteur, je vous aimerai comme je pourrai. » Que peut faire une fille du peuple à cette époque devant un seigneur qui lui propose le mariage ? Vivre le conte de fées de la bergère qui épouse le prince est bien tentant, et Rosette est tentée, bien sûr. Mais elle est avant tout lucide, constatant que sa renommée dans le village s'écroule. Elle demande une grâce, celle de se retirer chez sa mère : « [...] on se moque de moi quand je passe, et je ne pourrai plus trouver de mari dans le pays [...] » (III, 7). On la lui refuse. Sa dernière parole sera un cri derrière un autel. Rosette est une victime qui paie l'addition du jeu délicat des nobles alors qu'elle n'a rien demandé.

Entre romantisme aristocratique et religion cloîtrée, sa voix s'est fait entendre pour réclamer avec toute sa naïveté et toute sa pureté un peu de respect, ce qu'on lui a refusé, l'égoïsme et la cruauté ayant triomphé sur tous les sentiments humains.

Les autres : Louise et le Chœur

Au fond, **Louise** avait raison, qui se méfiait de l'épanchement des sentiments. Son personnage est important bien qu'absent de la scène. C'est l'amie de Camille, c'est aussi une projection d'elle-même dans le temps, une femme d'expérience qui s'est retirée du monde après en avoir subi les affronts. Interlocutrice de Camille, confidente, elle ressemble à toutes les femmes délaissées d'une époque où l'épouse devait être mère et supporter les choix maritaux. Camille la prend pour modèle surtout parce que son existence lui permet de formuler sa peur devant les adultes et la sexualité telles qu'on les lui présente, devant un monde codifié par les hommes où les femmes n'ont pas encore le droit de parler.

Le **Chœur** pour sa part est constitué par quelques villageois. Il s'agit d'un héritage antique, un peu tourné en dérision ici (très rare dans le théâtre français). C'est un observateur. Collectivement (I, 1 et 4) ou par le biais d'un villageois (I, 3 et III, 4), il sert surtout à situer les personnages dans leur contexte, et à formuler ce que les spectateurs pourraient ressentir ou demander. Il a connu Perdican enfant, peut donc commenter et juger la situation. Rejoignant sa fonction antique, il est même prophète : « Hélas ! la pauvre fille ne sait pas quel danger elle court en écoutant les discours d'un jeune et galant seigneur » (III, 4). Il se tait soudain après cette annonce, laissant le lecteur ou le spectateur à la liberté totale de son ressenti.

La pièce de Musset se découvre donc en avançant. Entre la passion, le jeu, la religion, l'orgueil, les différences de classe, le sens en est ouvert. Le titre reste énigmatique, car personne n'a vraiment badiné avec l'amour – pour cela, il aurait fallu qu'il existe –, même si Perdican, par une perte de ses repères, a dépassé les marges du permissible. Jeunesse inexpérimentée ou prise au piège par la montée du désir ? Musset pointe ici les mystères des conduites humaines, et surtout leurs incohérences, lui qui est encore tout surpris par l'aventure de Venise qu'il vient de vivre avec George Sand, une aventure chaotique, irrationnelle sur de nombreux points, où il s'est maintes fois demandé s'il aimait une personne qu'il ne satisfaisait pas. Comme il l'écrit dans *La Confession d'un enfant du siècle* (1836) : « Comment donner un nom à une chose sans nom ? Étais-je bon ou étais-je méchant ? étais-je défiant ou étais-je fou ? Il ne faut pas y réfléchir, il faut aller ; cela était ainsi » (partie IV, chap. II).

L'œuvre : origines et prolongements

Une « malheureuse comédie » écrite à la hâte

Selon Paul de Musset, l'œuvre aurait été écrite au retour de Venise, plus précisément durant le printemps 1834. On se souviendra que Musset a quitté la cité des Doges le 29 mars et qu'il est arrivé à Paris le 12 avril. Autant dire qu'entre l'écriture de l'œuvre et sa parution, le 1er juillet 1834, il s'est passé très peu de temps – deux mois et demi. On a longtemps tergiversé pour savoir si l'œuvre avait été écrite en deux fois, avant puis après Venise. Le professeur Jean Pommier a tranché : seule la première scène entre le Chœur et Blazius a été ébauchée avant Venise, dans une version versifiée. Musset l'a emportée à Venise où il l'a oubliée. George Sand lui en a renvoyé une copie par lettre expédiée le 17 avril et reçue à Paris le 27 avril. On peut donc en conclure que, si la conception de l'œuvre est sans doute ancienne, son écriture finale a été plutôt hâtive.

Musset est à cette époque bien embarrassé. Il a en effet reçu de son éditeur Buloz de l'argent pour une commande. Dans une lettre à Sand, datée du 19 avril, il se demande comment il pourra honorer son contrat et livrer une « malheureuse comédie » dont il doit « déjà le prix ». Il n'a effectivement pas de temps à perdre, désireux de produire un roman autobiographique, projet qui se concrétisera en 1836 avec la parution de *La Confession d'un enfant du siècle*. Il « dérime » alors les vers que Sand lui envoie et poursuit sur sa lancée, s'inspirant largement de son expérience vénitienne dans ses rédactions et de son goût pour le genre du proverbe (voir p. 102-103).

L'œuvre : origines et prolongements

L'ébauche en vers d'une œuvre personnelle

Voici le début versifié de la première scène, recopiée à la main par George Sand. Paul de Musset la publiera en 1861, lui ajoutant un titre : *Camille et Perdican*.

SCÈNE PREMIÈRE

LE CHŒUR

Sur son mulet fringant doucement ballotté,
Dans les bluets en fleur, messer Blazius s'avance,
Gras et vêtu de neuf, l'écritoire au côté.
Son ventre rebondi le soutient en cadence.
Dévotement bercé sur ce vaste édredon,
Il marmotte un *Ave* dans son triple menton.
Salut ! maître Blazius ; comme une amphore antique,
Au temps de la vendange on vous voit arriver.
Par quel si grand bienfait de ce ciel magnifique
Voit-on sur nos coteaux votre astre se lever ?

BLAZIUS

Si vous voulez apprendre une grande nouvelle,
Apportez-moi d'abord un verre de vin frais.

LE CHŒUR

Voici, maître Blazius, notre plus grande écuelle ;
Buvez ; le vin est bon ; vous parlerez après.

BLAZIUS

Apprenez, mes enfants, le sujet qui m'amène :
Le jeune Perdican, à sa majorité,
Vient de sortir docteur de l'Université.
Il revient au château, la bouche toute pleine
De discours si savants et de mots si fleuris
Qu'on ne sait que penser, tant on en est surpris !
Toute sa gracieuse et modeste personne
Est un beau livre d'or, où le savoir rayonne,
Il ne voit pas à terre un brin de romarin

L'œuvre : origines et prolongements

Qu'il ne dise comment on l'appelle en latin.
Il connaît par leurs noms les empereurs de Rome ;
Il vous expliquerait, rien qu'avec une pomme,
Comment la terre tourne, et, quand il fait du vent
Ou qu'il pleut, il vous dit pourquoi tout clairement.
Vous ouvririez des yeux grands comme cette porte,
De le voir dérouler un des beaux parchemins
Qu'il a coloriés d'encres de toute sorte,
Sans rien dire à personne et de ses propres mains.
Enfin, c'est un garçon comme on n'en trouve guère,
Et son maître m'a dit, lorsque je l'ai payé,
Qu'il en sait plus que lui d'une grande moitié.
Voilà ce que je viens annoncer à son père.
Quand il avait quatre ans, j'étais son gouverneur ;
Vous sentez que cela me fait beaucoup d'honneur.
Ainsi donc, mes enfants, apportez une chaise,
Que je descende un peu sans me rompre le cou,
Car ma mule est rétive, et je serais bien aise,
Avant d'entrer là-bas, de boire encore un coup.

Une réécriture partielle est ainsi à l'origine de la création de la pièce, telle qu'on la lit aujourd'hui. Entre la scène en vers et le texte définitif, une profonde identité apparaît, même si, dans la prose, les emprunts poétiques se mêlent à des choix de langage moins soutenu, ce qui offre à l'ensemble de l'œuvre une entrée moins formelle.

Des éléments autobiographiques : le badinage vénitien

George Sand emplit alors la vie de Musset (voir p. 14). Il est intéressant de revenir sur un « épisode » qui va dépasser l'anecdote pour influer directement sur l'écriture du poète dramaturge, à son insu parfois. On s'en souvient, pour prendre quelque distance avec la vie parisienne, le couple, plus que jamais sous les feux du public, décide de partir pour l'Italie sur

L'œuvre : origines et prolongements

les pas de Roméo et Juliette. George convainc Mme de Musset « avec une éloquence de sirène » de laisser partir son fils pour Venise. Tout se passe bien : Stendhal est sur le bateau qu'ils empruntent sur le Rhône pour gagner Avignon. Puis c'est Marseille, l'embarquement pour Gênes, où Alfred a le mal de mer pendant que George fume le cigarillo. Florence. Venise enfin, en janvier 1834. Le couple s'installe à l'*Albergo Danieli* face à la lagune.

Le climat de Venise étant fort humide, George tombe malade. Alfred piaffe : « J'étais jeune et j'aimais le plaisir ; ce tête-à-tête de tous les jours avec une femme plus âgée que moi, qui souffrait et languissait, ce visage de plus en plus sérieux que j'avais toujours devant moi, tout cela révoltait ma jeunesse et m'inspirait des regrets amers pour la liberté d'autrefois » (*La Confession d'un enfant du siècle*). On appelle un docteur, le beau Pietro Pagello. Alfred, qui doute de ses sentiments au point qu'il dit un soir : « George, je m'étais trompé : je t'en demande pardon, mais je ne t'aime pas », erre dans Venise en quête d'aventures. Fin janvier, il tombe malade à son tour. George, rétablie et ne cessant d'écrire nuit et jour, le soigne « comme une mère ». Le 4 février, Alfred a une seconde crise d'hallucinations. « Nuit horrible, écrit George Sand à un ami de Paris, six heures d'une frénésie telle que, malgré deux hommes robustes, il courait nu dans la chambre. Des cris, des chants, des hurlements, des convulsions... ô mon Dieu, quel spectacle ! » Pagello, appelé à la rescousse, échange un baiser avec George qu'Alfred aperçoit. La rupture est consommée. Musset « confie » George à Pagello. Le 29 février, il quitte Venise seul, emportant « deux étranges compagnes, une tristesse et une joie sans fin ». Il arrive le 12 avril à Paris, brisé par l'expérience vénitienne, et se met au travail. Dans une lettre à George, il analyse leur chaste liaison : « Pauvre George ! Pauvre chère enfant ! Tu t'étais trompée ; tu t'es crue ma maîtresse, tu n'étais que ma mère ; [...] c'est un inceste que nous commettions... »

L'œuvre : origines et prolongements

C'EST DANS CE CONTEXTE de confusion des sentiments que va naître le proverbe dramatique *On ne badine pas avec l'amour*. On y reconnaît sous le masque de la sombre Camille de nombreux traits de Sand, et sous celui de Perdican une vision idéalisée du poète lui-même. Mais c'est surtout dans le traitement des sentiments que l'on sent l'expérience violente vécue par le poète et que l'on entend parfois la voix de George Sand, que l'on voit percer l'«orgueil» de George, dont Alfred souffrit, et l'immaturité d'Alfred, amant trop dissipé et peu studieux au goût de George.

LE TRAITEMENT DE L'AMOUR dans la pièce est en fait très ambigu. Tout comme Alfred, Perdican le rousseauiste erre dans la vie en se demandant s'il est amoureux. Tout comme George, la sérieuse Camille n'est pas sûre de vouloir vraiment aimer son cousin. Ce sont les obstacles – on parle aussi d'orgueil – qui peu à peu rapprochent les deux jeunes gens. À la cruauté des propos réels échangés par Musset et Sand, répondent les dures reparties ou réflexions de Camille et Perdican. Parle-t-on vraiment d'amour ? Le badinage n'est-il pas en fait le masque d'une autre estime, tout intellectuelle, à laquelle on veut fondre le mot *amour* ? Certes le genre du proverbe voudrait démontrer une vérité populaire sur laquelle tout le monde s'accorde. Musset cependant ne brouille-t-il pas les cartes, comme à son habitude, en esquissant un autre discours, celui de la souffrance inhérente à cette illusion qu'est l'amour, à ces malentendus qui résultent de tous les serments non tenus ? Ou alors, à l'opposé, dans un regain d'espoir inattendu, ne tente-t-il pas de forcer les destins en essayant de convaincre George que les «insensés», ce sont eux et qu'ils s'aiment malgré tout ?

Des filiations essentiellement françaises

IL EST FRAPPANT par ailleurs de noter combien Musset emprunte à Sand en faisant dire à Perdican ce qu'elle lui a écrit personnellement. Ainsi, la fin de la dernière réplique de Perdican à l'acte II, scène 5, est la suite directe de la lettre de Sand à Musset du 12 mai 1834 :

« C'est en vain que tu cherches à te retrancher derrière la méfiance, ou que tu crois te mettre à l'abri par la légèreté de l'enfance. Ton âme est faite pour aimer ardemment, ou pour se dessécher tout à fait. Je ne peux pas croire qu'avec tant de sève et de jeunesse tu puisses tomber dans l'auguste permanence, tu en sortirais à chaque instant, et tu reporterais malgré toi, sur des objets indignes de toi, la riche effusion de ton amour. Tu l'as dit cent fois, et tu as eu beau t'en dédire, rien n'a effacé cette sentence-là, il n'y a au monde que l'amour qui soit quelque chose. Peut-être est-ce une faculté divine qui se perd et qui se retrouve, qu'il faut cultiver ou qu'il faut acheter par des souffrances cruelles, par des expériences douloureuses [...] Mais ton cœur, mais ton bon cœur, ne le tue pas, je t'en prie. Qu'il se mette tout entier ou en partie dans toutes les amours de ta vie, mais qu'il y joue toujours son rôle noble, afin qu'un jour tu puisses regarder en arrière et dire comme moi : "J'ai souffert souvent, je me suis trompé quelquefois ; mais j'ai aimé. C'est moi qui ai vécu, et non pas un être factice créé par mon orgueil et mon ennui..." ».

L'EMPRUNT est majeur puisque les mots eux-mêmes ont été cités. Un autre emprunt est manifeste, celui du personnage de Louise, sœur jumelle de Mme Marie-Xavier, compagne de Sand au couvent où elle a été en partie éduquée :

« Mme Marie-Xavier était la plus belle personne du couvent, grande, bien faite, d'une figure régulière et délicate ; elle était toujours pâle comme sa guimpe, triste comme un tombeau. Elle se disait fort malade et aspirait à la mort avec impatience. C'est la seule religieuse que j'aie vue au désespoir d'avoir prononcé ses vœux. Elle ne s'en cachait guère et passait sa vie dans les soupirs et dans les larmes. Ces vœux éternels, que la loi civile ne ratifiait pas, elle n'osait pourtant aspirer à les rompre.

L'œuvre : origines et prolongements

Elle avait juré sur le saint sacrement ; elle n'était pas assez philosophe pour se dédire, pas assez pieuse pour se résigner. C'était une âme défaillante, tourmentée, misérable, plus passionnée que tendre, car elle ne s'épanchait que dans des accès de colère, et comme exaspérée par l'ennui. On faisait beaucoup de commentaires là-dessus. Les unes pensaient qu'elle avait pris le voile par désespoir d'amour et qu'elle aimait encore ; les autres, qu'elle haïssait et qu'elle vivait de rage et de ressentiment [...]. Elle communiait cependant comme les autres, et elle a passé, je crois, une dizaine d'années sous le voile. Mais j'ai su que, peu de temps après ma sortie du couvent, elle avait rompu ses vœux et qu'elle était partie, sans qu'on sût ce qui s'était passé dans le sein de la communauté. Quelle a été la fin du douloureux roman de sa vie ? A-t-elle retrouvé libre et repentant l'objet de sa passion ? Avait-elle ou n'avait-elle point une passion ? »

George Sand, *Histoire de ma vie*, 1855.

La fictive Louise se trouve ainsi fondée dans la réalité d'une vie dont Musset a transformé l'histoire en une sorte de fable morale.

D'AUTRES EMPRUNTS à Sand sont plus diffus. On sait qu'à l'époque de l'écriture d'*On ne badine pas avec l'amour* Musset renaît à la vie et croit de nouveau au bonheur, encouragé par un printemps renaissant. C'est un moment d'entre-deux où il lit le manuscrit que Sand publiera l'année suivante, *André*. Elle y raconte les amours funestes entre un jeune noble et une fille du peuple dans un cadre pastoral appuyé. Nul doute que Musset s'en imprègne pour ses décors qui regorgent de fleurs des champs, de sous-bois et de fontaines.

MUSSET puise également à d'autres sources. Parmi celles-ci, les spectacles de boulevard ne comptent pas pour peu. On connaît son intérêt pour les actrices, on connaît moins celui pour leurs rôles. Ainsi, la pièce de Victor Ducange, *Agathe ou L'Éducation et le naturel,* donnée en 1831, présente une situation initiale très voisine d'*On ne badine pas avec l'amour* : deux

L'œuvre : origines et prolongements

beaux-frères veulent marier leurs enfants respectifs. Agathe, 16 ans, sort d'un couvent où elle a passé six années et qui lui « a tourné la tête » : elle se méfie des hommes et repousse toute idée de mariage. Dès qu'elle voit son cousin, elle le repousse. Le pauvre garçon usera alors d'un stratagème : il se déguisera en directeur de conscience. Tout cela débute dans une atmosphère très voisine de celle de la pièce de Musset : chœur, arrivée simultanée des jeunes gens... On voit d'emblée certaines similitudes dramatiques entre les deux pièces. Une autre pièce, jouée en 1828, *Malvina*, de Scribe, présente un jeune général revenant chez lui couvert de gloire. Accueilli par un chœur de paysans, il est refroidi par l'attitude de sa prétendue mais trouve réconfort avec la petite Marie, une cousine pauvre, qu'il épouse.

Certes les arguments divergent quelque peu, mais le fond est le même.

LA FILIATION des grotesques est plus facile à établir. Si le baron, psychorigide, égocentrique, rappelle les obsessions liées au respect de l'étiquette du duc Irénée du *Chat Murr* (1821) de l'Allemand Hoffmann, les deux ecclésiastiques pour leur part sont issus directement de la tradition anticléricale du proverbe, popularisé par Carmontelle (voir p. 103). Si Bridaine porte le nom d'un missionnaire célèbre au XVIIIᵉ siècle, on peut se dire aussi que Musset a joué sur les paronymes *bedaine, Brid'âne*... Blazius, avec sa finale latine en *-us*, renvoie sûrement aux fantoches pédants de Molière, entre autres Diafoirus, faux savant du *Malade imaginaire,* et Vadius, caricature du poète Ménage dans *Les Femmes savantes.* Quant à dame Pluche, la dévote, elle renvoie certainement à l'abbé Pluche, célèbre pédagogue du XVIIIᵉ siècle.

Écriture et réécritures

ON NE BADINE PAS AVEC L'AMOUR parut le 1ᵉʳ juillet 1834 dans *La Revue des Deux Mondes* dans le texte que nous avons retenu aujourd'hui. Elle fut ensuite recueillie dans le second volume d'*Un spectacle dans un fauteuil (Prose)* en août 1834, puis dans les *Comédies et proverbes* en 1840. Elle ne fut cependant représentée que quatre ans après la mort de l'auteur, le 18 novembre 1861 à la Comédie-Française, grâce à la volonté d'Édouard Thierry, son administrateur. « J'ai lu aujourd'hui *On ne badine pas avec l'amour*. Le comité a reçu la pièce, non pas qu'il l'ait trouvée précisément faite, mais parce que les morceaux en sont si bons qu'il a pensé qu'on finirait toujours par la faire en répétant. »

Paul de Musset opéra alors quelques remaniements pour rendre la pièce conforme aux attentes de son temps et aux contingences de la scène. Les dix-huit tableaux furent réduits à trois décors, un par acte : salle d'entrée du château, paysage pittoresque sur la lisière d'un bois, petit salon du château. Quant aux personnages, pour éviter les protestations du clergé, Blazius resta précepteur mais laïque, Bridaine devint un « tabellion ». Les répliques les plus anticléricales et les plus sexuées furent supprimées. Ainsi Camille ne demandait plus à Perdican s'il avait des « maîtresses » mais des « amours ».

La censure

AINSI MODIFIÉE, la pièce affronta la censure, au discours pour le moins ambigu, dont voici le rapport : « Il est impossible, quand on a lu cette pièce marquée au cachet d'un si grand talent et qui entraîne même à leur insu les lecteurs officiels chargés d'en signaler les inconvénients, il est impossible, disons-nous, de ne pas regretter profondément le souffle d'irréligion qui parcourt tout l'ouvrage et en ressort invinciblement plus encore par les situations que par les paroles. »

« L'ouvrage primitif a été sérieusement modifié et atténué avant d'être présenté à la scène française ; nous avons nous-mêmes signalé encore des détails choquants et qui ont été, ou pourront être modifiés, mais l'ouvrage en son ensemble est et demeurera un ouvrage peu sympathique aux croyances

L'œuvre : origines et prolongements

religieuses ; et si une partie du public regrette les sacrifices que les arrangeurs ont cru devoir faire aux convenances théâtrales, une plus grande partie des spectateurs sera, surtout dans les circonstances actuelles, frappée de l'esprit général de l'ouvrage dont l'autorisation pourra paraître une espèce de manifeste, une concession dans le sens des réclamations d'une partie de la presse contre les associations religieuses » (extrait du rapport de censure contre la représentation d'*On ne badine pas avec l'amour*).

MALGRÉ CES RÉSERVES marquant le désaccord du pouvoir politique avec le parti catholique et la crainte de manifestations contre un pouvoir qui laissait une expression libre à des opinions anticléricales ou libertines, la pièce put enfin être représentée.

Une seule adaptation lyrique

LA PIÈCE ne sera plus réécrite sauf pour les besoins d'une adaptation lyrique en 1910 : une comédie lyrique en trois actes et en vers, sur un poème de Louis Leloir et de Gabriel Nigond, une musique de Gabriel Pierné, qui fut représentée sur la scène de l'Opéra-Comique le 30 mai et retirée de l'affiche après huit représentations. Ce peu d'intérêt pour une quelconque réécriture atteste la solidité intrinsèque de l'œuvre, dont le sens ne s'épuise pas au fil du temps mais au contraire s'enrichit, bien que l'argument ne soit pas fondé sur un mythe fondateur ou une intrigue solide.

L'œuvre
et ses représentations

La représentation de 1861 : un succès frileux

Le 18 novembre 1861 marque donc la grande entrée de la pièce dans le répertoire de la prestigieuse Comédie-française. Mlle Favart y tenait le rôle de Camille, Delaunay celui de Perdican. On s'attendait à des remous dans la salle, à une cabale des partis conservateurs. En fait, il y eut plus d'étonnements que de contestations. Delaunay note dans ses *Souvenirs recueillis par le comte de Fleury* : « Le succès ne vint pas tout de suite. Les chœurs à l'antique du premier acte, certaines originalités et un style jugé trop poétique pour une comédie en prose trouvèrent des détracteurs. Thierry tint bon, et peu à peu la satisfaction du public monta en même temps que les recettes. » On se demanda quelle contenance prendre devant une pièce « injouable » qui mélangeait les genres. On hésita à critiquer comme on l'avait fait pour *Les Caprices de Marianne* les remaniements de Paul de Musset.

D'après Francisque Sarcey, qui écrivit vingt ans après la « première » : « Il nous sembla que le public errait à tâtons autour d'un caractère inexplicable. Les explosions de sentiments vrais que l'auteur a ménagées à Camille, des morceaux de bravoure que Delaunay sut dire avec un art exquis et le rôle tout entier de Rosette ne laissèrent pas de charmer le public. Il n'en resta pas moins ce jour-là indécis et froid. » Cela n'empêcha pas quelques fusées enthousiastes, celle d'Édouard Fournier entre autres : « J'ai vu un drame fait avec rien, et cependant d'une puissance de pathétique inouïe, irrésistible, navrante. »

Bien sûr, les caractères et la violence des critiques anticléricales restèrent dans les cartons de l'édition originale. Cependant, le mythe Musset-Sand commençait à opérer : on n'y comprenait sans doute rien, mais il lança la pièce tout autant que la réalité d'un texte affadi et détourné en partie.

L'œuvre et ses représentations

Le retour au texte de 1834 : à bas la censure !

Peu à peu des voix se firent entendre pour un retour au texte initial de 1834, les cléricaux n'étant plus aussi puissants. L'Odéon s'y résolut en 1917 sur une musique de scène de Saint-Saëns qui parut froide. En 1923, Charles Granval inventa le principe du plateau tournant, innovation qui permettait de nouvelles conceptions scéniques et justifiait quelques audaces. La Comédie-Française s'en saisit et représenta alors la pièce dans toute sa complexité dramatique, telle que Musset l'avait imaginée pour le fauteuil.

Les grandes mises en scène

De la tentation des contraires à la transposition du texte

1923 marque donc la première mise en scène remarquable d'*On ne badine pas avec l'amour*. On discuta longtemps de ses partis pris esthétiques : comique surtout fondé sur le grotesque et décors épurés bien que multiples.

Depuis, d'autres mises en scène se sont succédé : Jean-Louis Barrault au théâtre Marigny en **1952** ; Jean Vilar au Théâtre national populaire en **1959** ; René Clair au même TNP en février **1959**, avec Gérard Philipe et Suzanne Flon ; François Timmermann au Théâtre de la Commune en **1977** ; Régis Santon aux Bouffes-du-Nord en **1977**. On se souviendra bien sûr de Caroline Huppert dans les mêmes Bouffes-du-Nord, de Simon Eine à la Comédie-Française la même année, de Guy Rétoré au TEP en **1979** et des deux mises en scène de Jean-Pierre Vincent, l'une au Théâtre de Sartrouville en **1987** et l'autre au Théâtre des Amandiers en **1993**.

Ce dernier a plusieurs fois été tenté par la pièce : « Au début des années 70, nous avions l'idée de monter cette pièce dans le cadre d'un ensemble sur Vichy et la France profonde. Nous avons réalisé *Vichy fictions* et *Badine* beaucoup plus tard.

L'œuvre et ses représentations

C'était alors le récit d'un fait divers crapuleux, le malheur de trois jeunes gens étouffés, impuissants dans la France des cloches et des notaires. C'était aussi une forme de liberté remarquable dans le concert académique de nos classiques. Ce fut notre programme à Sartrouville en 1987 » (J.-P. Vincent, extrait de *Revoir badine*). Ce à quoi il ajoute lui-même dans une interview au *Nouvel Observateur* (n° 1406, du 17 au 23 octobre 1991) : « Or que raconte Musset ? Des histoires de surdoués qui, à 20 ans, savent déjà tout du monde et ne trouvent pas les remèdes pour utiliser leurs capacités. Parce que leur époque ne leur offre que ces capacités-là. »

> ## Des mises en scène audacieuses en prise avec les questionnements du moment

Parmi les mises en scène plus récentes, on ne saurait oublier celle de Cathy Girard-Deray, en 2001, qui propose, en français oral et langue des signes, sa vision de la pièce avec des comédiens sourds et des comédiens entendants. Pour elle en effet, « au fil des lectures, il m'apparaissait de plus en plus nettement que les villageois étaient d'un clan différent, minoritaire, d'une autre langue. Puis il y a eu – très forte depuis que j'ai appris la langue de mon fils : la langue des signes – l'envie de faire du théâtre avec cette langue très belle, très visuelle. On m'avait aussi parlé d'une île quelque part en Amérique qui aurait été peuplée de personnes sourdes. Alors ce fut l'évidence : la langue des signes était la langue des villageois... Donc... Il était une fois un village où vivait une population à majorité sourde. Tous, quasiment, parlaient une langue gestuelle. Ils étaient joyeux. Après une longue absence, les habitants du château, des Parisiens entendants, reviennent... »

Pour Gérard Gélas, au Théâtre du Chêne noir en 2005, « mettre en scène *On ne badine pas avec l'amour*, c'est aussi proposer un regard différent, sur les textes dits classiques. C'est chercher une vérité autre qui fait s'éloigner le texte pour le rapprocher de la tragédie. Et chercher aussi ce point de rupture entre Éros et Thanatos, entre amour et mort où se retrouvent dans le creuset des sentiments humains quelques clés pour ouvrir une porte que l'on appelle communément le destin. » Il pose ainsi la vraie question du texte : Perdican est-il amoureux ou joue-t-il à son nouveau jeu, l'amour ?

Plus récemment encore, en **2006**, au Théâtre de la Croix-Rousse, Philippe Faure évoque la « Tragédie de l'innocence » sur fond de prairie. Pour lui, « Musset, [c'est] un théâtre romantique et amoureux, à la liberté de ton incomparable, très actuel, renvoyant aux mots d'un autre poète, Rimbaud : "Il faut absolument être moderne !" » Avec son décorateur Alain Batifoulier, il a voulu une mise en scène universelle et atemporelle où le pré d'herbe verte est « un symbole de liberté fascinant, un terrain de jeu bien palpable, aux connotations tant érotiques que dramatiques » et où les protagonistes courent à leur perte.

Musset à l'école : le test des débutant(e)s

Pour finir, et bien qu'il ne s'agisse pas de mises en scène, il serait dommage de passer sous silence l'intérêt que les **écoles de théâtre** marquent pour certaines scènes d'*On ne badine pas avec l'amour*. La scène 5 de l'acte II surtout est souvent présentée à l'audition du concours d'entrée au Conservatoire.

Deux **références cinématographiques** viennent confirmer cette réalité : dans le film *Entrée des artistes* (1938), de Marc Allégret, des apprentis comédiens se forment sur cette scène ; dans le début du film de Maurice Pialat *À nos amours*, c'est Sandrine Bonnaire, adolescente, qui l'interprète.

Gérard Philipe et Suzanne Flon. Mise en scène de René Clair,
TNP, 1959.

Isabelle Mazin (Rosette) et Étienne Lefoulon (Perdican).
Mise en scène de Jean-Pierre Vincent, Théâtre de la Ville, 1989.

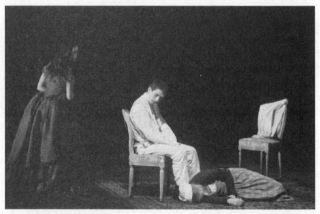

Emmanuelle Béart (Camille), Pascal Rambert (Perdican)
et Isabelle Carré (Rosette). Mise en scène de Jean-Pierre Vincent,
Théâtre des Amandiers, 1993.

Camille Carraz (Camille) et Damien Rémy (Perdican).
Mise en scène de Gérard Gélas, Théâtre du Chêne noir, 2005.

L'œuvre à l'examen

À l' **écrit**

Objets d'étude : un mouvement d'histoire littéraire : le romantisme ; l'argumentation et la délibération.

Corpus bac : le romantisme en question.

TEXTE 1

Préface de Cromwell (1827),
Victor Hugo.

Le théâtre est un point d'optique. Tout ce qui existe dans le monde, dans l'histoire, dans la vie, dans l'homme, tout doit et peut s'y réfléchir, mais sous la baguette magique de l'art. L'art feuillette les siècles, feuillette la nature, interroge les chroniques, s'étudie à reproduire la réalité des faits, surtout celle des mœurs et des caractères, bien moins léguée au doute et à la contradiction que les faits, restaure ce que les annalistes ont tronqué, harmonise ce qu'ils ont dépouillé, devine leurs omissions et les répare, comble leurs lacunes par des imaginations qui aient la couleur du temps, groupe ce qu'ils ont laissé épars, rétablit le jeu des fils de la providence sous les marionnettes humaines, revêt le tout d'une forme poétique et naturelle à la fois, et lui donne cette vie de vérité et de saillie qui enfante l'illusion, ce prestige de réalité qui passionne le spectateur, et le poète le premier, car le poète est de bonne foi. Ainsi le but de l'art est presque divin : ressusciter, s'il fait de l'histoire ; créer, s'il fait de la poésie.

C'est une grande et belle chose que de voir se déployer avec cette largeur un drame où l'art développe puissamment la nature ; un drame où l'action marche à la conclusion d'une allure ferme et facile, sans diffusion et sans étranglement ; un drame enfin où le poète remplisse pleinement le but multiple de l'art, qui est d'ouvrir au spectateur un double horizon, d'illuminer à la fois l'intérieur et l'extérieur des hommes ; l'extérieur, par leurs discours et leurs actions ; l'intérieur, par les *a parte* et les monologues ; de croiser, en un mot, dans le même tableau, le drame de la vie et le drame de la conscience.

On conçoit que, pour une œuvre de ce genre, si le poète doit choisir dans les choses (et il le doit), ce n'est pas le beau, mais le caractéristique. Non qu'il convienne de faire, comme on dit aujourd'hui, de la couleur locale, c'est-à-dire d'ajouter après coup quelques touches criardes çà et là sur un ensemble du reste parfaitement faux et conventionnel. Ce n'est point à la surface du drame que doit être la couleur locale, mais au fond, dans le cœur même de l'œuvre, d'où elle se répand au dehors, d'elle-même, naturellement, également, et, pour ainsi parler, dans tous les coins du drame, comme la sève qui monte de la racine à la dernière feuille de l'arbre. Le drame doit être radicalement imprégné de cette couleur des temps ; elle doit en quelque sorte y être dans l'air, de façon qu'on ne s'aperçoive qu'en y entrant et qu'en en sortant qu'on a changé de siècle et d'atmosphère. Il faut quelque étude, quelque labeur pour en venir là ; tant mieux. Il est bon que les avenues de l'art soient obstruées de ces ronces devant lesquelles tout recule, excepté les volontés fortes. C'est d'ailleurs cette étude, soutenue d'une ardente inspiration, qui garantira le drame d'un vice qui le tue, le commun. Le commun est le défaut des poètes à courte vue et à courte haleine. Il faut qu'à cette optique de la scène, toute figure soit ramenée à son trait le plus saillant, le plus individuel, le plus précis. Le vulgaire et le trivial même doivent avoir un accent. Rien ne doit être abandonné. Comme Dieu, le vrai poète est présent partout à la fois dans son œuvre. Le génie ressemble au balancier qui imprime l'effigie royale aux pièces de cuivre comme aux écus d'or.

[...] Que si nous avions le droit de dire quel pourrait être, à notre gré, le style du drame, nous voudrions un vers libre, franc, loyal, osant tout dire sans pruderie, tout exprimer sans recherche ; passant d'une naturelle allure de la comédie à la tragédie, du sublime au grotesque ; tour à tour positif et poétique, tout ensemble artiste et inspiré, profond et soudain, large et vrai ; sachant briser à propos et déplacer la césure pour déguiser sa monotonie d'alexandrin ; plus ami de l'enjambement qui l'allonge que de l'inversion qui l'embrouille ; fidèle à la rime, cette esclave reine, cette suprême grâce de notre poésie, ce générateur de notre mètre ; inépuisable dans la variété de ses tours, insaisissable dans ses secrets d'élégance et de facture ; prenant, comme Protée, mille formes sans changer de type et de caractère, fuyant la tirade ; se jouant dans le dialogue ; se cachant toujours derrière le personnage ; s'occupant avant tout d'être à sa place, et lorsqu'il lui adviendrait d'être beau, n'étant beau en quelque sorte que par hasard, malgré lui et sans le savoir ; lyrique, épique, dramatique, selon le besoin ; pouvant parcourir toute la gamme poétique, aller de haut en bas, des idées les plus élevées aux plus vulgaires, des plus bouffonnes aux plus graves, des plus extérieures aux plus abstraites, sans jamais sortir des limites d'une scène parlée ; en un mot tel que le ferait l'homme qu'une fée aurait doué de l'âme de Corneille et de la tête de Molière. Il nous semble que ce vers-là serait bien aussi beau que de la prose.

[...] Au reste, que le drame soit écrit en prose, qu'il soit écrit en vers, qu'il soit écrit en vers et en prose, ce n'est là qu'une question secondaire. Le rang d'un ouvrage doit se fixer non d'après sa forme, mais d'après sa valeur intrinsèque. Dans des questions de ce genre, il n'y a qu'une solution ; il n'y a qu'un poids qui puisse faire pencher la balance de l'art : c'est le génie.

TEXTE 2

Lettre de Dupuis et Cotonet (1836-1837),
Alfred de Musset.

De 1830 à 1831, nous crûmes que le romantisme était le genre historique, ou, si vous voulez, cette manie qui a depuis peu pris nos auteurs d'appeler des personnages de roman et de mélo-drame Charlemagne, François Ier ou Henri IV, au lieu d'Amadis, d'Oronte, de Saint-Albin. Mlle de Scudéry est, je crois, la première qui ait donné en France l'exemple de cette mode [...].

L'œuvre à l'examen

De 1831 à l'année suivante, voyant le genre historique discrédité et le romantisme toujours en vie, nous pensâmes que c'était le genre *intime* dont on parlait fort. Mais quelque peine que nous ayons prise, nous n'avons jamais pu découvrir ce que c'était que le genre intime [...].

De 1832 à 1833, il nous vint à l'esprit que le romantisme pouvait être un système de philosophie et d'économie politique. En effet, les écrivains affectaient alors dans leurs préfaces (que nous n'avons jamais cessé de lire avant tout, comme le plus important) de parler de l'avenir, du progrès social, de l'humanité et de la civilisation [...].

De 1833 à 1834, nous crûmes que le romantisme consistait à ne pas se raser et à porter des gilets à larges revers très empesés. L'année suivante, nous crûmes que c'était de refuser de monter la garde. L'année d'après, nous ne crûmes rien.

[*Le clerc de notaire de La Ferté-sous-Jouarre, consulté par Dupuis et Cotonet, leur donne cette définition du romantisme :*]

« Le romantisme, mon cher Monsieur ! non, à coup sûr, ce n'est ni le mépris des unités, ni l'alliance du comique et du tragique, ni rien au monde que vous puissiez dire ; vous saisiriez vainement l'aile du papillon : la poussière qui le colore vous resterait dans la main. Le romantisme, c'est l'étoile qui pleure, c'est le vent qui vagit, c'est la nuit qui frissonne, la fleur qui embaume et l'oiseau qui vole ; c'est le jet inespéré, l'extase alanguie, la citerne sous les palmiers, et l'espoir vermeil et ses mille amours, l'ange et la perle, la robe blanche des saules ; ô la belle chose ; Monsieur. C'est l'infini et l'étoile, le chaud, le rompu, le désenivre, et pourtant en même temps le plein et le rond, le diamétral, le pyramidal, l'oriental, le nu à vif, l'étreint, l'embrasse, le tourbillonnant ; quelle science nouvelle ! C'est la philosophie providentielle géométrisant les faits accomplis, puis s'élançant dans le vague des expériences pour y ciseler ces fibres secrètes... » Cotonet : « Monsieur, ceci est une faribole ; je sue à grosses gouttes pour vous écouter ! »

L'œuvre à l'examen

TEXTE 3

Histoire d'un merle blanc (1842),
Alfred de Musset.

(Un jeune merle blanc, grand écrivain, vient de se marier avec une merlette blanche dont la conduite l'intrigue)

Une chose qui m'inquiétait plus sérieusement, c'était une sorte de mystère dont elle s'entourait quelquefois avec une rigueur singulière, s'enfermant à clef avec ses caméristes et passant ainsi des heures entières pour faire sa toilette, à ce qu'elle prétendait. Les maris n'aiment pas beaucoup ces fantaisies dans leur ménage. Il m'était arrivé vingt fois de frapper à l'appartement de ma femme sans pouvoir obtenir qu'on m'ouvrît la porte. Cela m'impatientait cruellement. Un jour, entre autres, j'insistai avec tant de mauvaise humeur qu'elle se vit obligée de céder et de m'ouvrir un peu à la hâte, non sans se plaindre fort de mon importunité. Je remarquai, en entrant, une grosse bouteille pleine d'une espèce de colle faite avec de la farine et du blanc d'Espagne. Je demandai à ma femme ce qu'elle faisait de cette drogue ; elle me répondit que c'était un opiat pour des engelures qu'elle avait.

Cet opiat me sembla tant soit peu louche ; mais quelle défiance pouvait m'inspirer une personne si douce et si sage, qui s'était donnée à moi avec tant d'enthousiasme et une sincérité si parfaite ? J'ignorais d'abord que ma bien-aimée fût une femme de plume ; elle me l'avoua au bout de quelque temps, et elle alla même jusqu'à me montrer le manuscrit d'un roman où elle avait imité à la fois Walter Scott et Scarron. Je laisse à penser le plaisir que me causa une si aimable surprise. Non seulement je me voyais possesseur d'une beauté incomparable, mais j'acquérais encore la certitude que l'intelligence de ma compagne était digne en tout point de mon génie. Dès cet instant nous travaillâmes ensemble. Tandis que je composais mes poèmes, elle barbouillait des rames de papier. Je lui récitais mes vers à haute voix, et cela ne la gênait nullement pour écrire pendant ce temps-là. Elle pondait ses romans avec une facilité presque égale à la mienne, choisissant toujours les sujets les plus dramatiques, des parricides, des rapts, des meurtres, et même jusqu'à des

L'œuvre à l'examen

filouteries, ayant toujours soin, en passant, d'attaquer le gouvernement et de prêcher l'émancipation des merlettes. En un mot, aucun effort ne coûtait à son esprit, aucun tour de force à sa pudeur ; il ne lui arrivait jamais de rayer une ligne, ni de faire un plan avant de se mettre à l'œuvre. C'était le type de la merlette lettrée.

TEXTE 4

On ne badine pas avec l'amour
Alfred de Musset, acte III, scène 8.

SUJET

a. Question préliminaire (sur 4 points)

Quelles images dominantes du romantisme et des romantiques se dégagent de l'ensemble de ces textes ? Vous vous appuierez sur des références précises aux textes.

b. Travaux d'écriture (sur 16 points) au choix

Sujet 1. Commentaire

Vous ferez le commentaire du dernier extrait du texte 2 : la définition du *romantisme* par le clerc. Vous en ferez ressortir les éléments satiriques les plus forts de l'argumentation.

Sujet 2. Dissertation

Définissez le mouvement littéraire qui s'est désigné sous le terme *romantisme*. Quelles critiques fondamentales Musset en fait-il ? Qu'en pensez-vous ? Vous vous appuierez, entre autres, sur les textes du corpus pour développer votre réflexion.

Sujet 3. Écriture d'invention

Rédigez le portrait que la merlette fait du merle blanc. Votre texte devra constituer un pendant au texte de Musset (argumentation, style, emploi des temps, etc.).

 Documentation et complément d'analyse sur :
www.petitsclassiqueslarousse.com

L'œuvre à l'examen

À l' **oral** **Objet d'étude :** le théâtre, texte
et représentation (toutes sections)

Acte II, scène 5

Sujet : Quelles particularités présente cette scène dans la dramaturgie globale d'On ne badine pas avec l'amour ?

RAPPEL

Une lecture analytique peut suivre les étapes suivantes :

I. *Mise en situation du passage, puis lecture à haute voix*
II. *Projet de lecture*
III. *Composition du passage*
IV. *Analyse du passage*
V. *Conclusion : remarques à regrouper un jour d'oral en fonction de la question posée*

I. Situation de la scène

Dans cette scène qui clôt l'acte II, Perdican va rencontrer Camille pour la quatrième fois. Un billet que sa cousine lui a adressé à la fin de la scène 1, par l'intermédiaire de dame Pluche, l'a décidé à se rendre près de la fontaine qu'elle lui a désignée dans un bois. Auparavant, il a donné des baisers à sa « sœur » Rosette et s'est mis à pleurer (II, 3), ce qui dénote chez lui une grande fragilité sentimentale. Le spectateur a appris par ailleurs que la jeune femme a annoncé le matin même au Baron qu'elle ne voulait pas se marier avec Perdican. De ce fait, Musset joue sur les connaissances conjointes mais diverses de Perdican et du spectateur, lequel en sait plus sur les intentions de Camille que son malheureux prétendant.

L'œuvre à l'examen

La rencontre entre les deux personnages principaux est donc l'objet de projections diverses selon qu'il s'agit de Perdican, du Baron ou du spectateur. Seule Camille sait ce qu'elle veut dire et pourquoi elle a provoqué ce rendez-vous. Sa présence « volontaire » peut donc être interprétée comme un retournement de situation, puisque, jusque-là, elle a paru subir les situations et les projets que l'on bâtissait pour elle.

II. Projet de lecture

La scène est complexe ; elle est en outre la plus longue de la pièce. Autant dire que l'œuvre va connaître son tournant majeur, que les personnages vont enfin se dévoiler et se parler. La longue attente que Musset a entretenue s'achève ici avec la chute des masques.

> L'affrontement entre
> les deux personnages principaux :

Les trois rencontres précédentes entre les deux personnages ont été décevantes : dans la première, Camille a refusé d'embrasser son cousin ; dans la deuxième, elle a refusé de lui parler de ses souvenirs d'enfance ; dans la troisième enfin, elle lui a refusé la main qu'il essayait de saisir. Ces refus vont soudain s'évanouir. Camille tend la main à son cousin et lui accorde un baiser affectueux. Le personnage prend d'emblée le contre-pied de son attitude antérieure. Ce procédé déséquilibre pour un temps Perdican, habitué aux rudesses de sa cousine. À vrai dire, Camille va tout à coup jouer sur sa féminité (« je suis d'humeur changeante »), sa naïveté (« Trouvez-vous que j'ai raison de me faire religieuse ? ») et sa confiance envers Perdican, à qui elle conte l'histoire intime de Louise, alors qu'en fait elle n'a pas plus besoin de ses réponses que de sa compassion. Elle tient seulement à se prouver à elle-même une fois encore le prérequis de ses choix : les hommes sont infidèles, le véritable amour est en Dieu. Perdican admet dans un premier temps son langage, qui au fond ne l'engage pas, et entend ses idées sans broncher, d'autant plus aisément qu'il appartient à un monde plus futile – plus matérialiste sans doute –, où les mœurs sont légères, où on ne confond pas mariage et amour, encore moins mariage et fidélité (« Que me conseilleriez-vous de faire le jour où je verrais que vous ne m'aimez plus ? – De prendre un amant »). Aime-t-il d'ailleurs Camille ? Rien n'est moins sûr : on lui propose de l'épouser, voilà tout. Chacun joue donc sa partition : l'une avec sa détermination fondatrice, l'autre avec sa franchise immature.

> *L'affrontement entre*
> *deux conceptions du monde :*
> *l'argumentation, reine de la scène*

La scène tourne alors à l'affrontement de deux idéologies : l'un défendant la liberté de ses mœurs, l'autre la joie idéale des couvents. Tous deux plaident pour deux amours différents : Perdican pour un amour difficile, volatile mais humain, Camille pour un amour idéal et éternel car tourné vers Dieu. Leurs thèses s'affrontent au gré de plusieurs longues tirades, qui rappellent fortement les affrontements entre Octave et Marianne dans *Les Caprices de Marianne*, publiés l'année précédente.

Alors que Camille a pris l'initiative de la rencontre, c'est finalement Perdican qui y met un terme en plaidant curieusement pour un amour à taille humaine, un amour sincère, tout en rejetant sa cousine dans le clan des êtres « factices », orgueilleux et ennuyeux. L'anticléricalisme l'emporte. La scène par son argumentation se retourne contre celle qui l'a provoquée.

III. Composition du passage

1. Le renoncement de Camille (l. 1-252)

2. La riposte de Perdican (l. 253-324)

L'œuvre à l'examen

IV. Analyse du passage

▌ Un décor bucolique pour parler vrai

L'attention que Musset porte aux décors est manifeste tout au long de la pièce. Ici, Camille a convoqué son cousin dans un lieu naturel, rousseauiste, un lieu où la civilisation n'a pas encore entamé son œuvre destructrice. C'est un bois, près d'une fontaine, qu'il a retenu pour les confidences des deux cousins. Le château seigneurial, avec ses rites sociaux, est loin ; place à la nature et à l'épanchement des cœurs. La fontaine est propice aux discours qui s'écoulent librement, comme l'eau est aussi un miroir des narcissismes des deux protagonistes. C'est devant elle qu'ils vont livrer le fond de leur pensée et de leurs secrets, qu'ils vont paraître tels qu'ils sont. C'est elle aussi qui les rappelle à leur passé insouciant (« est-ce toi, Camille, que je vois dans cette fontaine, assise sur les marguerites, comme aux jours d'autrefois » [l. 25-27], « tu ne voulais revoir ni ce bois, ni cette pauvre petite fontaine qui nous regarde tout en larmes » [l. 285-287]), car le passé est assimilé ici comme ailleurs à l'âge d'or, à la liberté de l'enfance, comme si revenir à la fontaine, c'était se redonner une chance de remonter le temps (« je viens revivre un quart d'heure de la vie passée » [l. 28-29]). On se souvient du dénouement de *Fantasio*, dont le héros éponyme promet à la princesse de revenir revivre parfois au jardin interdit.

▌ Parler, c'est prendre ou perdre le pouvoir

C'est dans ce lieu discret que les violences des paroles vont se heurter, tout en mettant au jour un rapport de forces qui va s'inverser. Certes, Camille est l'instigatrice du rendez-vous. Jusqu'à ce moment, elle s'est située dans le refus de l'ouverture à son cousin. Refus de le laisser parler, refus de lui parler, refus de le toucher. Et soudain elle change : elle le touche, elle lui parle vrai, elle s'intéresse à lui en le poussant dans ses derniers retranchements. Apparemment, elle domine toujours comme l'attestent l'importance et la durée de ses prises de parole.

L'œuvre à l'examen

Perdican, plus silencieux qu'elle, l'écoute. Mais déjà la faiblesse de Camille se montre : elle évoque, dans une longue tirade, son amie Louise, la grande absente de la scène, dont la présence cachée détermine cependant ses pensées. Sa confession est longue, de registre pathétique (« parler de ses malheurs » [l. 122], répétition de *comme* [l. 126, 127,...], « langui » [l. 129], « querelles » [l. 131]...), car elle débouche sur une analyse de la vie conventuelle des femmes (l. 109-162). Camille s'explique, se justifie. Ce faisant, elle se dévoile au sens propre et figuré du terme : voile de son secret, voile de sa vie religieuse. Perdican ne dit rien de lui, sauf qu'il a connu des femmes (l. 45), et qu'entre le moine et le chevrier il ne peut juger (l. 182). Il ne répond pas aux révélations confiantes de Camille et ne désire pas entrer dans son univers. Il lui conseille même de retourner au couvent (l. 184-185). Sa force réside dans son silence et sa différence (« Quel est l'homme qui ne croit à rien ? – En voilà un » [l. 190-192]). De ce moment, il a gagné. Il n'a plus qu'à porter l'estocade finale par une prise de parole énergique : « Pauvre enfant, je te laisse dire, et j'ai bien envie de te répondre un mot » (l. 253-254). Camille a usé ses forces dans ses confidences et ses questions. Perdican a donc le champ libre, et s'appuie sur ce qu'il vient d'apprendre de la vie de Camille pour asseoir sa parole.

Amour humain / amour divin

À partir de cette réplique où Camille est qualifiée de « pauvre », Perdican prend les rênes du dialogue. Camille n'a plus rien de nouveau à dire. Ce qui n'est pas son cas. Après avoir fustigé les nonnes refoulées, il finit par une tirade fameuse (l. 308-324) dont la force tient autant dans la forme que dans le fond.

La forme d'abord. La tirade est un conseil direct à Camille, qui est renvoyée dans son couvent (« adieu, Camille » [l. 308]). À son refus de revoir son cousin du début de la pièce, correspond ce congé condescendant, assorti d'un impératif *réponds*.

Le fond ensuite. La tirade finale est aussi l'occasion pour Perdican de poser face à face deux mondes : l'un où circulent des « récits hideux qui t'ont empoisonnée », où le monde, décrit avec tous les outils du registre fantastique, est conçu comme un « égout sans fond où les phoques les plus informes rampent et se tordent sur des montagnes de fange », vision d'Apocalypse à la Jheronimus Bosch, où dominent l'hypocrisie et le refoulement ; l'autre où l'amour humain est magnifié dans une sorte de credo lyrique et romantique, où l'individu libéré de ses carcans religieux et sociaux peut donner sens à sa vie. On remarquera l'emploi fréquent du *on* (l. 318-321) qui donne au discours les dimensions d'une vérité générale.

C'est à ce moment que Musset rend hommage à George Sand et à leur difficulté commune d'être par le passage célèbre : « J'ai souffert souvent, je me suis trompé quelquefois, mais j'ai aimé. C'est moi qui ai vécu, et non pas un être factice créé par mon orgueil et mon ennui », superbe chute que lui a soufflée George Sand dans une lettre récente.

V. Quelques éléments de conclusion

En résumé, la scène se caractérise par :

a. Un retournement de pouvoir ;

b. Une critique de la vie recluse des nonnes ;

c. Un plaidoyer pour la liberté d'aimer.

AUTRES SUJETS TYPES

• *On ne badine pas avec l'amour* : drame, comédie ou tragédie (les mouvements littéraires, théâtre : genres et registres), à partir des scènes I, 1 ; III, 2. ; III, 8.

• Le lyrisme (théâtre : genres et registres), à partir de la scène III, 8.

• Le théâtre engagé (les mouvements littéraires, théâtre : genres et registres), à partir des scènes II, 5 et III, 7.

 Documentation et complément d'analyse sur : **www.petitsclassiqueslarousse.com**

Outils de lecture

Actant
Tout élément animé ou non qui, dans une histoire, influe sur l'action. Un actant peut être un personnage, un groupe de personnages ou une idée. Les actants d'une même action forment un système ou un schéma dit « actanciel ».

Acte
Partie d'une pièce de théâtre qui correspond à un moment important de l'action. L'acte est divisé en scènes.

Action
Espace théâtral où les conflits se mettent en place et se développent.

Antithèse
Opposition de deux mots.

Argumentatif (discours)
Se caractérise par un raisonnement fondé sur la démonstration, sur des arguments logiques étayés par des preuves ou des exemples, l'utilisation de techniques de persuasion (l'implicite, la connotation, l'ironie, l'antiphrase, etc.), le vocabulaire du savoir, du raisonnement et du jugement.

Burlesque (registre)
D'un traitement comique, dégradé, d'un sujet noble (à l'origine, l'épopée).

Catastrophe
Dernier événement qui clôt la chaîne des péripéties et qui provoque le dénouement.

Cénacle
Réunion d'un groupe d'artistes. Le Cénacle romantique se réunissait chez Victor Hugo, rue Notre-Dame-des-Champs, ou chez Charles Nodier, à l'Arsenal, au centre de Paris.

Comédie (genre)
Genre faisant intervenir des personnages contemporains (bourgeois, simples particuliers...), se déroulant dans la vie quotidienne, utilisant une langue proche de la conversation courante et visant à divertir en instruisant.

Comique (registre)
Se définit par un jeu sur les niveaux de langage, une expression volontiers triviale, des dialogues de sourds ou des délires verbaux, des figures de style comiques (antiphrases, répétitions, coq-à-l'âne, hyperboles, etc.), la rapidité du rythme...

Coup de théâtre
Rebondissement soudain de l'action.

Dénouement
Situé au dernier acte, il doit être complet et rapide, dénouant l'intrigue. Il est souvent déclenché par une ultime péripétie.

Double énonciation
Existant particulièrement dans les dialogues de théâtre, elle consiste dans le fait que les paroles prononcées par le personnage sont aussi

celles de l'auteur. Cette double énonciation va de pair avec une double destination : un personnage s'adresse à un autre personnage en même temps qu'il parle au spectateur.

Drame romantique (genre)

Se définit par le mélange des genres et des registres, tire ses sujets de l'histoire, mêle les intrigues et les lieux, se développe en trois phases (exposition, nœud et catastrophe), a des visées humanitaires ou politiques.

Exposition

Ne dépassant pas les limites du premier acte, elle éclaire le spectateur sur la situation initiale et le début de l'action.

Grotesque/sublime

Par opposition au sublime, le grotesque désigne ce qui est laid, difforme, horrible à voir. Le sublime s'intéresse à la beauté, à la grandeur, à tout ce qui élève l'homme vers l'idéal.

Intrigue

Voir *Action*

Libertin

Personnage voulant s'affranchir des normes morales de son temps et jouir des plaisirs charnels.

Lyrique (registre)

Se caractérise par un vocabulaire affectif, l'emploi de métaphores nombreuses, une recherche de musicalité et des effets de rythme.

Métaphore

Procédé où l'on substitue un terme à un autre pour produire une image (« votre petite tête blonde tenait par *un fil bien délié au cœur de votre mère* » [*Les Caprices de Marianne*, acte I, scène 2].

Monologue

Faux dialogue argumentatif où le personnage se parle à lui-même (en présence du spectateur) pour faire le point sur une question qui le soucie. Il s'appelle *aparté* lorsque le personnage se parle à lui-même à l'insu des autres, ou *adresse au public* lorsque le public est ouvertement destinataire du message.

Pathétique (registre)

Cherche à susciter l'émotion et la compassion par la description de scènes édifiantes, la mise sur scène de personnages inspirant la pitié. Privilégiant le vocabulaire des sentiments et de la douleur, il s'adresse surtout à la sensibilité du spectateur.

Péripétie

Changement subit de situation dans une action dramatique.

Personnage

Être fictif, il peut être un individu, avec des traits physiques distinctifs, un rôle plus ou moins codé (l'amoureux, le méchant...), un actant (sujet, objet...).

Outils de lecture

Règle des trois unités

Définie par l'unité d'action (une seule action principale soutenue éventuellement par des actions secondaires), l'unité de temps (l'action se passe en 24 heures au maximum), l'unité de lieu (tout se passe dans un seul lieu).

Réplique

Prise de parole d'un personnage en réponse à un autre personnage.

Satire

Critique sociale, politique, etc. par la moquerie

Scène

Partie d'un acte. D'ordinaire, elles sont destinées à rythmer l'action. On change de scène à l'entrée ou à la sortie d'un personnage. Musset a enfreint cette règle classique dans sa version originale de 1833, chaque scène correspondant plutôt à un moment dramatique.

Schéma actanciel

Il permet d'analyser l'action au travers d'un dessin où les différentes forces agissant sur l'action, les actants, ont leur place. Selon ce schéma, un sujet, à l'origine de l'action, recherche un objet (personne ou valeur morale). Il est aidé dans sa quête par des adjuvants et entravé par des opposants. Stimulé par un destinateur, il accomplit son action pour un destinataire qui peut être lui-même.

Texte de théâtre

Il est constitué par le dialogue (ce que les personnages se disent) et par les didascalies (tout ce qui n'est pas dit par les personnages mais qui est utile à la représentation, les indications scéniques).

Tirade

Longue réplique caractérisée par des phrases complexes. Elle est souvent argumentative.

Tragédie (genre)

Se définit par un sujet noble, le recours à des personnages historiques ou légendaires, une action simple et grande, des problématiques morales, politiques ou sociales déterminant des choix cruciaux, une intrigue unique s'achevant dans la mort, des visées morales et pédagogiques.

Tragique (registre)

Se définit par un niveau de langage soutenu, les champs lexicaux de la fatalité, de la nécessité, de la faute, de la séparation, de l'amour et de la mort.

Vaudeville

Comédie légère où l'intrigue prime sur la psychologie.

Bibliographie filmographie

Édition

• Alfred de Musset, *Théâtre complet*, édition établie et annotée par Simon Jeune, « Bibliothèque de la Pléiade », Gallimard, 1990.

Sur Musset

• P. de Musset, *Alfred de Musset, sa vie, son œuvre*, 1877.

• F. Lestringant, *Musset*, « Grandes bibliographies », Flammarion, 1998.

Sur Musset et Sand

• José-Luis Diaz, *Sand et Musset, Le Roman de Venise*, composition, préface et notes, Actes Sud, Babel, « Les Épistolaires », 1999.

• *Revue d'histoire littéraire de la France*, n° 1, janvier-février 1973 ; p. 99-112 (sur la liaison Musset-Sand).

Ouvrages et articles généraux

• P. Van Tieghem, « L'évolution du théâtre de Musset, des débuts à Lorenzaccio », *revue d'Histoire du théâtre*, oct-déc. 1957 – *Musset*, « Connaissance des lettres », Hatier, 1969.

• L. Lafoscade, *Le Théâtre de Musset*, Nizet, 1966.

• Y. Lainet, *Musset ou La Difficulté d'aimer*, SEDES – CDU, 1978.

• B. Szwajcer, *La Nostalgie dans l'œuvre poétique d'Alfred de Musset*, Nizet, 1995.

Études sur *On ne badine pas avec l'amour*

• *Lorenzaccio, On ne badine pas avec l'amour*, Actes de la journée d'études organisée par la Société des Etudes romantiques, SEDES/CDU, 1990.

Bibliographie • filmographie

• *Robert Mauzi, « Les fantoches d'Alfred de Musset »*,
Revue d'histoire littéraire de la France, avril-juin 1966.

Télévision

• 1978, mise en scène de Roger Kahane et Caroline Huppert
avec Francis Huster, Béatrice Agenin, Michel Etcheverry,
Bernard Dhéran, François Chaumette, Catherine Samie, *et al.*

Documents sonores – Disque/CD

• Alfred de Musset, *On ne badine pas avec l'amour*, adaptation
CD, interprété par Jean Pierre Aumont, Jacqueline Morane,
Pauline Carton, Pierre Bertin, Raymond Souplex

• Musique de Maurice Jarre, regroupant *le Malade imaginaire*
et *On ne badine pas avec l'amour*, Disque 45 tours longue durée,
éditeur Vega Tnp8 (1957-1959)

• Gérard Philipe joue Musset, *On ne badine pas avec l'amour*
et *Les caprices de Marianne* - extraits – disques Ades.

• *On ne badine pas avec l'amour*, enregistrement intégral
au TNP en 1959, dans une mise en scène de Jean Vilar,
avec Gérard Philipe, Audivis, Hachette, coll. « Vie du théâtre ».

Sites Internet

http://www.poetes.com/musset/index.php

http://www.georgesand.culture.fr/

http://www.musset-immortel.com/

Direction de la collection : Carine Girac-Marinier
Direction éditoriale : Claude Nimmo, avec le concours de
Romain Lancrey-Javal
Édition : Patricia Maire, avec la collaboration
de Marie-Hélène Christensen
Lecture-correction : service Lecture-correction Larousse
Recherche iconographique : Valérie Perrin, Laure Bacchetta
Direction artistique : Uli Meindl
Couverture et maquette intérieure : Serge Cortesi
Responsable de fabrication : Marlène Delbeken

Crédits Photographiques

Dessin de Couverture : Alain Boyer

7   Ph. Jacotin. Coll. Archives Larousse

11   Bibliothèque Nationale de France, Paris.
Ph. Coll. Archives Larbor

20   Bibliothèque Nationale de France, Paris.
Ph. © Archives Larousse

41   Bibliothèque Nationale de France, Paris.
Ph. Coll. Archives Larbor

80   Ph. Coll. Archives Larbor

134   Ph. © Lipnitzki/Roger-Viollet

135   Ph. © Manuel Pascual/Le Dauphiné Libéré/Maxppp

136   Ph. © P. Coqueux/Specto

137   Ph. © P. Coqueux/Specto

Photocomposition : Nord Compo à Villeneuve-d'Ascq
Impression : Rotolito - 306061/08
Dépôt légal : Août 2006 - N° de projet : 11045488 - Septembre 2020